Hannelore Zech

Alles aus dem eigenen Garten

Ganzjährig selbstversorgt mit Permakultur

HANNELORE ZECH

ALLES AUS DEM EIGENEN GARTEN

Ganzjährig selbstversorgt mit Permakultur

SüdOst Verlag

Bibliografische Information der Deutschen Nationalbibliothek

Die Deutsche Nationalbibliothek verzeichnet diese Publikation in der Deutschen Nationalbibliografie; detaillierte bibliografische Daten sind im Internet über http://dnb.dnb.de abrufbar.
ISBN 978-3-95587-775-0

MIX
Papier aus verantwortungsvollen Quellen
FSC® C014138

Für uns, die Battenberg Gietl Verlag GmbH mit all ihren Imprint-Verlagen, ist Nachhaltigkeit ein wichtiger Teil unserer Unternehmensphilosophie. Daher achten wir bei allen unseren Produkten auf den Einsatz umweltschonender Ressourcen und Materialien.
Dieses Buch wurde auf FSC®-zertifiziertem Papier gedruckt. FSC (Forest Stewardship Council®) ist eine nicht staatliche, gemeinnützige Organisation, die sich für die verantwortungsvolle und ökologische Nutzung der Wälder unserer Erde einsetzt.

Unsere Partnerdruckerei kann zudem für den gesamten Herstellungsprozess nachfolgende Zertifikate vorweisen:
- Zertifizierung für FOGRA PSO
- Zertifizierungssystem FSC®
- Leitlinien zur klimaneutralen Produktion (Carbon Footprint)
- Zertifizierung EcoVadis (die Methodik besteht aus 21 Kriterien in den Bereichen Umwelt, Einhaltung menschlicher Rechte und Ethik)
- Zertifikat zum Energieverbrauch aus 100 % erneuerbaren Quellen
- Teilnahme am Projekt „Grünes Unternehmen" zum Schutz von Naturressourcen und der menschlichen Gesundheit

1. Auflage 2021
ISBN 978-3-95587-775-0

www.battenberg-gietl.de

Selbst kaputte, ausrangierte Gummistiefel können mit Essbarem und Kräutern bepflanzt werden.

INHALTSVERZEICHNIS

VORWORT

Die Lösung liegt im Garten. Sich selber zu versorgen, ein Wunsch, der mittlerweile in immer mehr Menschen aufkeimt. Meiner Meinung nach auch selbstverständlich, ist es uns als Menschen doch eigentlich in die Wiege gelegt, einen Garten anzulegen. Gärtner gibt es schon wesentlich länger als Bauern! Das Kultivieren eines Stückes Land, von dem wir uns dann einfach nur zu bedienen brauchen, eben ein Stück Paradies anzulegen, das ist einfach eine traumhafte Vorstellung. Dass dies auch gar nicht so schwer sein muss, wenn man die natürlichen Kreisläufe und Naturgesetze beachtet und abkommt von der landläufigen Meinung, der Garten müsste eine Fortsetzung unseres Wohnzimmers sein, will dieses Buch aufzeigen. Mir persönlich liegt es sehr am Herzen, von den Zwängen des Ordnungswahns wegzukommen, da die Natur es anders braucht. In Zeiten des Insekten- und Artensterbens, des Klimawandels und der negativen Umwelteinflüsse von Giften, Elektrosmog und Mobilfunkstrahlung bietet so ein Hausgarten einen wertvollen Rückzugsraum für Mensch und Tier und noch dazu viel Gesundheit für uns selbst. Frischer versorgen geht nicht besser als von den eigenen Pflanzen und dabei spielt es überhaupt keine Rolle, wie groß unsere Fläche ist, denn ein bisschen Grünzeug geht immer und überall! Selbst auf dem Balkon können üppige Ernten eingefahren und aus den Kräutern eine wertvolle Hausapotheke zusammengestellt werden. Dabei möchte ich ganz nebenbei in die Permakultur einführen, ein Weg, der im Garten beginnt und sich irgendwann durch das ganze Leben zieht. Denn die Permakultur bietet ökologische Alternativen für fast alle Lebensbereiche. Seit über 20 Jahren begleitet mich nun dieses Thema und es wird nie langweilig! Zu breit gefächert ist es einfach und es gibt immer noch irgendetwas zu lernen, zu vertiefen, Fähigkeiten zu erweitern. Profitieren wird davon natürlich die Familie und auch wir selbst. Denn der eigene Zufriedenheitsgrad und die Chancen auf ein glückliches Leben steigen dabei ungemein. Lasst uns zukunftsfähige Lebensräume aufbauen und dabei im eigenen Garten beginnen, auf dass irgendwann ganze Städte zu zukunftsfähigen grünen Lebensräumen werden! Egal ob auf dem Boden, dem Balkon, dem Dach oder in der Vertikalen. Hauptsache, es kann etwas wachsen! Beginnen wir – jetzt!
Somit wünsche ich viel Spaß bei der Lektüre!

„DIE ZUKUNFT DER MENSCHEN LIEGT IN DEN GÄRTEN! ALS LEBENSRAUM FÜR UNS, UNSERE KINDER UND ENKELKINDER. IM GLEICHGEWICHT MIT DER NATUR SIND ES OASEN DER GESUNDHEIT UND LEBENSFREUDE VON MENSCH UND TIER.“

HANNE ZECH

Eure Hanne vom Mienbacher
Waldgarten/Selbstversorger-Akademie

Die Ziegen haben täglich Einsatz im Waldgarten. Haben sie ihre Aufgabe erfüllt, werden sie wieder in ihr Gehege geführt.

Immer wieder staune ich selbst über die bunte Vielfalt, die an Erntegut im Oktober zusammenkommt.

WAS IST GEMEINT MIT PERMAKULTUR?

Ein Begriff, der jetzt bereits seit einigen Jahrzehnten immer mal wieder auftaucht und Alternativen verspricht. Permanente Agrikultur (dauerhafte, nachhaltige Landbewirtschaftung), so wurde das ursprünglich ausgesprochen, wurde zusammengezogen zu Permakultur. Bill Mollison (1928 – 2016), ein Australier, schuf diesen Begriff und erarbeitete, zusammen mit seinem damaligen Studenten David Holmgren, in den 70ern das Handbuch der Permakultur. Als Planungssystem für die Landbewirtschaftung war es ursprünglich gedacht, doch mittlerweile hat es sich zu einer Lebensphilosophie entwickelt, die in allen Bereichen der Lebensführung fußt. 1981 gab es dann für Bill Mollison dafür den alternativen Nobelpreis. Viele Lebensgemeinschaften haben diese Ideen aufgegriffen und weiterentwickelt, genauso auch hier, als bei uns in Bayern in den 90er-Jahren ein Permakulturverein entstand! Leider war er nicht allzu lange aktiv!

Die Philosophie der Permakultur wurde dann auch recht früh durch Margret und Declan Kennedy von Australien nach Deutschland gebracht. Margret Kennedy war Stadtplanerin und

ETHIK & PRINZIPIEN DER PERMAKULTUR

Kinder arbeiten sehr gerne mit im Selbstversorgergarten, hier Korbinian im Alter von ungefähr 6 Jahren.

Yannick bei der Rhabarberernte, fasziniert von den großen Blättern.

Ökologin und gilt als Gründerin des Regiogeld-Netzwerkes. Zusammen mit ihrem Mann Declan, der von 1984 bis 1989 Direktor des europäischen Permakultur-Instituts war, gründete sie den Lebensgarten Steyerberg in Niedersachsen, der auch heute noch Ausbildungen im Permakultur-Bereich unter anderem über die deutsche Permakultur-Akademie anbietet. Declan gestaltete übrigens auch als Architekt unter Prof. Hebebrand die Erneuerungsplanung für die Altstadt von Regensburg!

Mittlerweile hat so gut wie jedes Land eine Permakultur-Akademie, doch alle orientieren sich am Permaculture Research Institute (seit 1978) in Australien, das von David Holmgren in der Leitung auf Geoff Lawton überging. Die Ausbildungen, die bei uns angeboten werden, fußen fast alle auf dem Curriculum von Bill Mollison, eine 72 bis 84 Stunden dauernde Basis-Ausbildung, die den Inhalt des Permakultur-Handbuches umfasst und nicht nur den Anbau im Garten einschließt, sondern ökologisches Bauen, alternative Geldsysteme, Alternativen in der Bildung, in der Gesundheit, Gemeinschaftsbildung, bessere Werkzeuge und Technologien, Umgang mit Boden und Besitz usw.

In Österreich entstand fast zeitgleich ein weiterer Permakultur-Hotspot, und zwar um Sepp Holzer, einem Landwirt aus dem salzburgerischen Lungau. Durch sein Buch, „Der Agrar-Rebell", wurde das Thema bei uns im bayerischen Raum bekannter. Jedoch nannte Sepp Holzer sein natürliches, wirtschaftlich verbessertes Gestaltungssystem erst Permakultur, nachdem er die Parallelen zu Australien sah. Dennoch gibt es nun auch eine weitere Ausbildung dieses Gestaltungssystems bei uns, und zwar die Ausbildung zum Holzer'schen Permakultur-Praktiker, mittlerweile durch Josef Holzer, den Sohn.

„IN DER PERMAKULTUR LIEGT DIE LÖSUNG FÜR EIN ZUKUNFTSFÄHIGES LEBEN AUF DIESER UNSERER ERDE."

Ein weiteres Urgestein sollte hier nicht unerwähnt bleiben, und zwar Masanubo Fukuoka. Ein japanischer Bauer und Philosoph, (1914 – 2008), der bereits 1975 das Buch „Der Große Weg hat kein Tor" verfasste. Weitere Bücher folgten. Auch er bewies, dass durch Mischkulturen, einjährige und Dauerkulturen auf den Feldern, bestimmte Obstbaumkulturen, natürliche Abläufe der Natur ein Mehr-Ertrag und zwar ohne Pflügen oder andere Bodenbearbeitung, ohne Chemieeinsatz, ohne Düngen, möglich war. Mit weniger Zeiteinsatz noch dazu. Das Buch ist heute noch genauso aktuell wie damals!

Im Endeffekt haben eine Handvoll Menschen die Permakultur erdacht und es ist eine Bewegung daraus entstanden, die hoffentlich bald eine Lawine ins Rollen bringen wird, denn in der Permakultur liegt die Lösung für ein zukunftsfähiges Leben auf dieser unserer Erde. Die Lösung für unsere zukünftige Ernährung, unser Wohnen, unser Sein im Miteinander. Denn die Permakultur hat die Sichtweise auf das Ganze, die wir scheinbar verloren haben. Deshalb sollten wir uns auch immer die Frage stellen, auf was es im Leben wirklich ankommt! Es ist ganz simpel! Ein zufriedenes, glückliches, erfülltes Leben zu leben. Ich selbst habe mein Glück in meiner vollen Speisekammer gefunden, in den Erträgen meiner Arbeit und im zufriedenen Mampfen meiner Kinder, wenn sie durch den Garten streifen, ihrer Phantasie freien Lauf lassen können, ungestört spielen und satt gegessen mit Himbeeren, Erdbeeren, Äpfeln, Rübchen, Samen und Knospen wieder zurück ins Haus kommen. Frei, unbeschwert und den Wunsch im Herzen, dass sie es auch für ihre Kinder so weitergeben können!

MEIN MIENBACHER WALDGARTEN

Es ist nicht immer erforderlich, eigenen Grundbesitz zu haben, um einen Garten aufzubauen. Das Beispiel meines Mienbacher Waldgartens zeigt es deutlich. Nun, er ist zwar ca. 1,5 Hektar groß, doch richtig intensiv bewirtschaftet wird nur ein kleinerer Teil davon.

Auf einem abgewirtschafteten trockenen Nordhang, ehemals konventionell mit Mais und Getreide im Wechsel bewirtschaftet, sollte vor 20 Jahren ein Garten entstehen. So der Plan des neuen Besitzers. Ideen wurden auf dem Krameterhof im Lungau bei Sepp Holzer innerhalb einer Führung durch dessen Gelände eingeholt. So begann die Umgestaltung. Das Gelände wurde terrassiert, mit Hügelbeeten ausgestattet und mit 45 Halbstamm-Obstbäumen und ca. 200 Wildobst- und Beerensträuchern bestückt. Dann übernahm die Natur. Das Grundstück verwilderte.

2009 machte ich die Basisausbildung der Permakultur, den sogenannten Permakultur-Design-Kurs auf dem Höllbachhof bei Rettenbach/ Oberpfalz. Mein damals angemietetes Sacherl mit insgesamt 1200 m² Fläche erschien mir etwas klein. Deshalb suchte ich nach etwas Größerem, in dem ich meine ganzen Ideen umsetzen konnte und womit ich auch eine Existenz für meine Familie aufbauen konnte. Meine jetzigen Verpächter und auch damals bereits Freunde boten mir das Grundstück zur Bewirtschaftung an, da durch den Landschaftsbaubetrieb keine Zeit mehr blieb, dieses zu bewirtschaften. Somit begann ich im Mai 2010 meine Arbeit in diesem Garten.

Drei große Hauptkulturen hatten sich im Laufe der Sukzession dort breit gemacht. Im unteren Bereich, dort wo noch Reststickstoff durch die Feldbewirtschaftung und das Abspülen des Mutterbodens vorhanden war, kam die Brennnessel. Der obere Hektar wurde von der kanadischen Goldrute als Neophyt (Einwanderer) eingenommen. Der vordere Bereich wurde überwuchert von der herrlich blühenden Topinambur, einer Süßkartoffel, die mit der Sonnenblume verwandt ist und die ich leider Jahre zuvor durch ein Geschenk an meine Verpächterin selbst eingeschleppt hatte. Normalerweise vermehren sich Topinambur nicht ganz so stark, doch diese Sorte blüht sehr früh und somit war eine Versamung möglich. Nun zähle ich selber eher zu den kleinen Leuten und so begann meine Arbeit damit, den Urwald an dürren Stielen und Brennnesseln, Goldruten und Topinambur zu bändigen. Insgesamt dauerte es zwei Jahre, neben all der anderen Aufbauarbeit, bis ich mich ganz nach hinten durchgearbeitet hatte und wieder wusste, wo alle Beerensträucher und Bäume standen. Es war auch eine Herausforderung, ein geeignetes Mähgerät zu finden, da durch den Hang, die dicken Stiele und die Arbeit der Wühlmäuse alles erschwert wurde. Der Balkenmäher kam keinen Meter weit, der normale Rasenmäher blieb immer wieder stehen, der angeschaffte Hoftrack mit

Aufbauphase 2010 mit
Topinambur im Hintergrund.

Das verwilderte Grundstück
bei der Übernahme mit den
trockenen Goldrutestielen
der vergangenen Jahre.

2010 noch alles
ganz klein.

Intensivzone 2010 mit
Topinambur im Hintergrund.

Einachsschlepper beim Mähen der Goldrute.

Topinamburblüten

Mulcher vorne dran musste bereits nach dem ersten Einsatz repariert werden. Eine schwebende Aufhängung war dann die Lösung. Ungünstig war dieses Mähgerät allerdings wieder für meine Neuanpflanzungen, die zwischen den ganzen Wucherpflanzen kaum noch sichtbar waren und damit wieder weggemäht wurden. Schließlich arbeitete ich nur noch mit der Handsense. Man kann sich vorstellen, wie viel Kraft und Schweiß dabei hineingesteckt wurden. 2016 wurde dann ein Einachsschlepper mit Kreiselmähwerk angeschafft. Dieser kam zwar mit seinen 11 PS optimal durch, doch durch die mittlerweile stark gewachsene Brombeerenbewachsung in den Randzonen hatte ich nach jedem Einsatz irgendwo einen platten Reifen.

Das Problem des Bodenaufbaus stand auch noch aus. Dadurch, dass der komplette Mutterboden im oberen Bereich durch intensive maschinelle Bewirtschaftung und Erosion abgetragen war, standen die Bäume und Sträucher in komplettem Lehmboden. Dieser ist grundsätzlich nicht schlecht, hält er doch auch das Wasser gut, doch im Sommer, in Trockenzeiten, fühlten sich die Pflanzen wohl wie einbetoniert! An gutes Wachstum war deshalb nicht zu denken! Organik musste also her. Nach Anfragen an die Gemeinde Reisbach meinte der Bürgermeister: „Mit Dreck san mir ned geizig!"

Zwei Jahre hintereinander bekam ich dann im Herbst das ganze Laub vom Markt Reisbach. Es waren Unmengen! Nur mit Mistgabel und Schubkarren ausgerüstet, fuhr ich dieses zu jedem Baum, zu jedem Strauch. Es wurden Mulchbeete angelegt, um im nächsten Jahr Kartoffeln als Kultivierer anzubauen, um dann einigermaßen fruchtbare Beete zu haben. Der Boden verarbeitete dieses organische Material in rasender Geschwindigkeit! Wo der Boden zuerst steinhart war und ich, auch dank dem Quecken-Bewuchs, mit dem Spaten keinen Zentimeter hinein kam, konnte ich danach nur mit meiner Hand pflanzen. So entstanden die Baumscheiben im Waldgarten wesentlich leichter. Durch das regelmäßige Abmähen und Liegenlassen der Sukzessionspflanzen (zeitliche Aufeinanderfolge der an einem Standort einander ablösenden Pflanzengesellschaften) entstand eine Vielfalt an unterschiedlichen Kräutern und Wildgemüsen, eine richtig tolle Wiese. Klee allerdings brauchte trotzdem noch eine ganze Weile, bis er sich

Massen von Laub von der Gemeinde Reisbach.

etablieren konnte. Mittlerweile sind es bestimmt über 10 verschiedene Kleearten.
Doch auch Kulturbäume kamen von selbst, wie Salweide, Silberweide, Esche, Ahorn, Wildkirsche und durch die Vögel vor allen Dingen auch Hartriegelsträucher in Hülle und Fülle. Diese drohten bald die Obstbäume zu erdrücken. So begann das Auf-Stock-Setzen der unerwünschten Bäume zum Wohle der Kulturbäume. Teilweise wurden allerdings diese von selbst gekommenen Bäume einfach in die Randbereiche als Puffer gegen die konventionelle Bewirtschaftung auf den Feldern von außen umgesetzt. Leider meinten dann die Rehe, diese jungen Bäumchen hätten wir für sie gepflanzt, und bissen sie wieder nieder. Dies verzögerte natürlich wieder das Einwachsen der Randzonen. Doch mittlerweile ist ein wirklich tolles Mikroklima entstanden. Aus den bereits groß gewachsenen von selbst gekommenen Bäumen entstanden Rankgerüste für den Wein und Stämme zur Anlage von Pilzkulturen.

Mit Laub abgemulchte Extensivbeete.

Das erste Jahr bestand eigentlich darin, die ersten Beete zu kultivieren, um Essbares anbauen zu können, denn nur von Brennnesseln und Topinambur wollten wir auch nicht leben. Neben den Hühnern waren es Hängebauchschweine, die fast von Anfang an im Waldgarten leben durften. Wir wollten diese Schweine im Gelände als Schweinetraktor einsetzen. Doch hatten wir Angst, die damals noch kleinen einjährigen Schweine für die Topinamburvernichtung

Intensivzone, nachdem der Topinambur entfernt wurde.

einzusetzen. Sie hätten schließlich platzen können bei diesen Mengen!

Die Hängebauchschweine kamen übrigens als Geschenk zu uns. Sie wurden von Städtern als Haustiere für das Wochenendhaus angeschafft, mit dem Plan, am Wochenende mit ihnen spazieren gehen zu können. Die fast komplett scheuen Tiere hatten den Hinterhof beim Wochenenddomizil schön umgestaltet, die Vorstellung war anders als die Realität. Sprich, sie wurden nicht mehr fertig mit ihnen und suchten einen neuen Platz. Somit kamen wir zu unseren ersten Schweinen. Mit Fachbuch, Geschirr und Leinen und großem Dankeschön, dass wir sie nahmen!

Zurück zum Topinambur, den wir dann doch schließlich per Hand ausrissen, um ihn nach und nach an die Schweine zu verfüttern. Sobald eine Fläche frei wurde, haben wir sofort ein Beet angelegt und dort angebaut. Wenn ich zurückdenke, wie wir damals gerackert haben, wird mir heute noch ganz schwummrig vor Augen. Doch wo ein Wille ist, ist auch ein Gemüsebeet! Stück für Stück entstand unsere intensivbewirtschaftete Gemüsezone. Ein erstes Gewächshaus konnte ich übernehmen, ein weiteres kleines bekam ich günstig und wir konnten es versetzen. Somit war der Beginn des Gemüseanbaus sicher inkl. den Voranzuchten.

Zwischen dem Bewirtschaften des Gartens und der Betreuung meiner Kinder begann ich Kurse anzubieten. Somit entstand immer mehr Moti-

Hängebauchschweine noch ganz jung.

Schlüssellochbeet im noch jungen Waldgarten.

vation, den Garten weiter auszubauen. So entstand 2013 die Selbstversorger-Akademie und die Nutztier-Arche. Durch die Anschaffung weiterer Tiere hatten wir auch mehr Mist. Durch mehr Mist entstand mehr Mulchmaterial. Durch mehr Mulchmaterial konnten wir mehr Boden aufbauen (Vermehrung der Wurmpopulationen), daraus erhöhten sich auch die Erträge.

Das Erhalten alter Tierrassen hat definitiv seinen Reiz. Doch wir durften auch viel Lehrgeld bezahlen. Genauso wie es dauert, schmackhaftes Gemüse zu finden, das die ganze Familie mag und gut wächst, dauert es auch, Rassen zu finden, die vom Charakter her zusammen- und vor allen Dingen auch zu uns passen. Ganze Rassehühnerstämme zu kaufen ist teuer, deshalb musste ein Brutapparat her. Eins zog das andere nach sich. Dazu kam, dass unsere Schweinedame Linchen alle drei Wochen für drei Tage in ihre Rauschephase kam und versuchte, irgendwo ein Loch zu finden, um zum nächsten Eber, der beim Schweinebauern im Dorf war (ihr Bruder Schmuddel ist kastriert) zu gelangen. Und sie fand immer ein Loch! Alle drei Wochen für drei Tage waren meine Verpächterin und ich in Alarmbereitschaft! Teilweise bis zu 4 x am Tag holten wir die Tiere wieder zurück. Es war unglaublich, welche Motivation so ein Tier an den Tag legen konnte! Irgendwann meldete sich die Veterinäroberrätin. Sie wurde benachrichtigt, dass unsere Schweine immer unterwegs seien. Wir würden sie bestimmt nicht richtig füttern! Diese war jedoch mit dem Problem der Rausche sehr wohl vertraut und meinte, die Züchter der konventionellen Schlachtschweine wären froh, wenn ihre Tiere regelmäßig in die Rausche kämen! Diese wird dort künstlich und synchron herbeigeführt. Sie bestätigte uns noch eine hervorragende Haltung. Was mich natürlich auch sehr stolz machte. Damit war jedoch unser Problem nicht gelöst! Die Problemlösung bot sich dann erst durch einen Tipp unserer Tierärztin an. Somit investierte ich in feuerverzinkte, versetzbare,

Für Kinder immer ein Abenteuer, die Aufzucht der Küken.

Kükenaufzucht

individuell einsetzbare Zaunelemente. Somit konnten wir die Schweine endlich im Gelände einsetzen und es entstand dadurch eine wunderbare Blumenwiese! Mehr zum Schweinetraktor könnt ihr auf Seite 72 nachlesen.

Weitere Probleme in der Erhaltung alter Rassen waren fehlender Mutterinstikt, z. B.: bei den Angorakaninchen und fehlendem Bruttrieb, bei den deutschen Pekingenten oder bei manchen Hühnerrassen. Da entstand schon gelegentlich Frust statt Lust. Doch irgendwie überwiegte immer wieder die Lust am Tier. Mittlerweile kommen wir locker über das Jahr mit unserem

Waldgartenbereich heute.

selbst erzeugten Fleisch von Hähnen, Kaninchen und Wollschwein. In Zukunft kommt noch Lamm und evtl. Ziege hinzu, definitiv aber Milch von Ziegen!

Stück für Stück konnten wir in meinem Waldgarten in Mienbach jedes Problem lösen. Von der Wasserversorgung der Tiere und Pflanzen bis zum Bau von Übernachtungshütten. Die Kursleute wollten schließlich auch bei uns übernachten nach einem Kurs oder Vortrag. Mittlerweile bieten wir auch Wohnmobilstellplätze für das Landvergnügen-Programm an.

Die Bäume sind gewachsen und bringen regelmäßig Erträge, ebenso die Beerensträucher, dazwischen das ausdauernde Wildgemüse, Wildobst und jede Menge Kräuter und Blumen. Das alles so dicht, dass teilweise nur noch Trampelpfade durch diesen Dschungel führen. Dann kommen wieder offenere Plätze, wo Futter für die Tiere wachsen kann. Wilde Bereiche mit Brombeergestrüpp zum Nisten von Vögeln und Überwintern von Feldhasen. Stolz bin ich auf die erfolgreichen Bruten der Fasane, sogar Rebhühner hab ich schon gesichtet. Die Hamster ernten regelmäßig das selbst durch Hühnerfutter gewachsene Getreide in den Mulchbeeten und die Siebenschläfer ertappe ich in den Futterkisten beim Klauen. Es ist eine Oase entstanden. Eine Oase zwischen all den Monokulturfeldern, wobei wir im Vilstal doch noch bemerkenswerterweise viele Hecken und Bäume in der Landschaft stehen haben. Je stärker die Bäume wuchsen, umso besser wurde mein Mikroklima im Garten und umso weniger Schäden entstanden an den Gewächshäusern, wenn ein Gewitter oder Sturm hinüberzog. Es hat sich ein Gleichgewicht aufgebaut. Jeder Schädling hat einen Nützling gefunden, der ihn im Zaume hält. Jede neue Tierart, die bei uns mit dazukam, hat sich wunderbar mit eingefügt in dieses Selbstversorgersystem. Natürlich zollten wir auch dem Fuchs und dem Habicht Tribut. Es ist ein ständiges Geben und Nehmen. So ist die Natur. Wichtig ist nur immer, dass am Ende genug für alle da ist. Und das ist hier definitiv der Fall.

Männliche Zauneidechse.

DIE VORTEILE VOM NATURGEMÄSSEN GÄRTNERN

Die Natur hat ihre eigene Ordnung! Doch was machen wir? Wir putzen unsere Gärten heraus, als ob es Wohnzimmer wären. Argumentieren damit, wie viel Arbeit es ist, Gemüse anzubauen, und stechen dabei Wildkräuter aus dem Rasen, bringen synthetisch hergestellten Dünger auf, spritzen die Ränder tot, damit nichts zu stark ins Wuchern kommt und alles schön sauber ist und fahren alles Laub und Strauchschnitt auf den Komposthof. Ordnung muss schließlich sein! Doch es liegt hier kein Verhältnis mehr zwischen Nutzen und Aufwand. Und ja, dann macht die Gartenarbeit Mühe. Ein naturgemäß bewirtschafteter Garten muss aber deshalb nicht unordentlich sein. Das Geheimnis liegt einfach im Schließen der Kreisläufe, im Kopieren der natürlichen Vorgänge. Schließlich sieht jeder gerne den Schmetterlingen, Bienen und Hummeln bei ihrer Befruchtungsarbeit zu, oder füttert und beobachtet die Vögel gerne im Winter. Doch wie wäre es, einfach genug Nährgehölze statt Thujen anzubauen? Wie wäre es, Samenstände von Stauden und Wildblumen über den Winter stehen zu lassen, um die Vögel ihre natürliche Nahrung suchen zu lassen und es Insekten zu ermöglichen, in hohlen Stielen überwintern zu können? Wie wäre es, das Laub von Bäumen (außer Eiche und Nusslaub) auf die Beete und unter die Beerensträucher zu packen, genau wie den Rasenschnitt? Flächenkompostierung wird dies auch genannt.

„DER WURM IST DER OCHS DES ARMEN MANNES!“

Das heißt, das organische Material kommt sofort an Ort und Stelle, wird dort von den Würmern in wertvollen Wurmkompost (wunderbarer Dünger) umgewandelt und gleichzeitig wird der Boden gelockert. Schließlich ist der Wurm der Ochs des armen Mannes! Wenn die Beete abgedeckt sind, dann kann die Sonne den Boden nicht so stark austrocknen, die Oberflächen verkrusten dadurch nicht, das Bodenleben kann auch in Kälteperioden wunderbar weiterarbeiten. Das Laub liegt dadurch bis ins späte Frühjahr auf den Beeten, was den Boden und somit auch die Jungpflanzen im Frühjahr vor den immer häufiger vorkommenden Trockenphasen schützt. Wir sparen uns damit wieder jede Menge Arbeit in Bezug auf Hacken, Düngen und Wasserschleppen, sparen uns Geld und Wasser.

Hat man nun so einen vielfältigen Garten, in dem viel blüht, dann wird es auch dort viele Insekten geben. Gibt es viele Insekten, so finden auch unsere Singvögel genug Nahrung und wenn diese genug Nistmöglichkeiten und Nahrung finden, haben wir auch weniger Schädlinge bzw. ernten mehr Vogelgezwitscher. Heinz Erven schreibt in seinem Buch „Mein Paradies“, dass ein Blaumeisenpärchen bei der Aufzucht von zweimaliger Brut in einer Saison bis zu 150 Pfund an Insekten, Eiern und Larven von Bäumen und Sträuchern sucht. Ist das nicht bemerkenswert? Aber diese 150 Pfund Insekten für ein

Gemüse und Blumen – ein gutes Team.

Erholungsraum

Meisenpärchen und deren Junge müssen auch erst einmal vorhanden sein! Und wollen wir weiterhin diese munteren Gesellen in unseren Gärten beobachten, sollten wir umdenken!

Kommt es dann zu einem Mehr an Vogelgezwitscher, wachsen erwiesenermaßen auch unsere Pflanzen wieder besser. Wir können mit einem naturgemäßen Garten also nur gewinnen! Es entsteht eine Positivspirale, wo eins das andere mitzieht. Wir haben einen wertvollen Entdeckungs- und Erholungsraum, die Wildtiere haben ihren Lebensraum und wir können wertvolle Lebensmittel ernten, an Kulturgemüse und Kulturobst, an Kräutern, Wildkräutern, Wildobst und Wildgemüse. Somit ernähren wir uns vielfältiger und gesünder.

In einem naturgemäßen Garten finden so viele Tiere Lebensraum, und wir profitieren davon! Es kann ein ökologisches Gleichgewicht entstehen. Eidechsen fressen Schneckeneier und kleine Schneckchen, ebenso die Blindschleichen, Spitzmäuse, Erdkröten und Igel. Unterschiedliche Schneckenarten dezimieren sich selbst untereinander, Spinnen, Marienkäfer, Florfliegen und Ohrwürmer fressen die Läusepopulationen auf, Fledermäuse fressen Mücken, Motten und Nachtfalter, die Mauswiesel fressen die Wühlmäuse usw. Die Natur ist perfekt! Wir müssen ihr nur wieder mehr Raum geben.

Tagpfauenauge

Erdkröte

Blauweiderich mit Hummel.

Im Übrigen arbeitet die Natur ja sowieso für uns, wir haben nur verlernt, es zu sehen und anzunehmen! Jeder hat wohl eine bestimmte Plage im Garten. Ein Kräutlein, das in Massen vorkommt und das einem so gar nicht gefällt! Oder? Welches Kräutlein ist es bei euch? Ist es der Giersch? Der Gundermann? Das Schöllkraut oder das kriechende Fünffingerkraut? Sucht doch mal ein Bestimmungsbuch und schlagt nach, welches Kräutlein es denn ist, was so häufig bei euch vorkommt und dann schlagt nach, welche Wirkung dieses Kräutlein auf den menschlichen Körper hat. Na? Findet ihr euer Wehwehchen und die Lösung vor euren Füßen? Meist kommen nämlich die Kräuter, die wir benötigen bei unseren Alltagsproblemen, von selbst zu uns. Wir bräuchten sie also nur noch zu verwenden! Dies funktioniert aber nur, wenn man den Garten naturgemäß bewirtschaftet! Das heißt nicht, wir überlassen den Garten sich selbst! Dies wäre natürlich auch nicht das Richtige, denn die Vielfalt entsteht nur durch gezieltes Eingreifen. Durch das Mähen der Blumenwiese im Juli und im September und das anschließende Abräumen des Schnittgutes, durch den Hecken- und Strauchschnitt nach der Brut der Vögel, durch den Aufbau von Totholzhaufen, evtl. Steinpyramiden und/oder Natursteinmauern, durch Insektenhotels oder Wildbienenbrutmöglichkeiten und natürlich durch das Belassen der Wildkräuter. Denn auch diese bilden wunderschöne und wertvolle Blüten zur Nahrung der Bienen und Insekten. Meist bieten diese aber auch noch eine Ernährungsmöglichkeit! Vom Brennnessselspinat über Gierschgemüse, vom Löwenzahnsalat und Löwenzahnblütensirup, über essbare Blüten im Salat und Sauerampfersuppe usw. Die Möglichkeiten sind unendlich und einige Wildkräuter im Früchtesmoothie erhöhen den Wert ungemein!

DIE SCHABLONE DER PERMAKULTUR

Jeder Garten ist anders, jeder Garten ist individuell. Jeder Garten ist ein Lebensraum und soll auch genau auf uns selbst zugeschnitten sein. Da passt es ganz gut, dass die Permakultur wie eine verschiebbare Schablone auf jedes Grundstück angewendet werden kann. Man hat die Maße vorgegeben, aber man kann alle möglichen Teile verschieben. Die Permakultur hat dazu die Ethik, die Prinzipien, die Sektorenplanung und die Zonierung. Richtet man sich nach diesen Vorgaben, dann wird das eigene Grundstück zum zukunftsfähigen Lebensraum mit größtmöglichem Nutzen für alle!

Den obersten Richtwert bildet die Ethik, die aus drei Punkten besteht:

- → SORGE FÜR DIE ERDE
- → SORGE FÜR DIE MENSCHEN
- → TEILE GERECHT

Diese drei Punkte bilden den sozialen Rahmen. Sorge für die Erde heißt, wir haben nur diese eine! Dementsprechend sollten wir mit ihr umgehen. Jeder kann z. B. seinen eigenen ökologischen Fußabdruck berechnen. Im Internet werden dazu verschiedene Möglichkeiten angeboten. Generell ist es so, dass wir hier auf der Nordhalbkugel tendenziell über die Verhältnisse leben. Das heißt, andere Menschen, meist auf der Südhalbkugel, haben damit entsprechend weniger. Es gibt auch einen sogenannten Erdüberlastungstag. Das ist der Tag, an dem ein Land alle Ressourcen verbraucht hat, die für ein Jahr hätten reichen müssen. Dieser Tag fällt in Deutschland momentan auf Anfang Mai! Deutschland verbraucht ungefähr so viel, als hätten wir 3 x die Erde zur Verfügung. Damit stehen wir unter den verschwenderischen Ländern auf Platz 4. Vor uns kommen noch Russland, Australien und die USA. Doch wir können nicht immer so weitermachen und jeder kann seinen Teil dazu beitragen, dass wir den Erdüberlastungstag wieder weiter nach hinten im Jahr verschieben können.

Der zweite Punkt, Sorge für die Menschen, ist auch ein sehr wichtiger Punkt, denn, wenn wir uns um die Menschen um uns rum kümmern, dann kümmern sich diese auch um uns, wenn wir mal Hilfe brauchen. Dies funktioniert leider nicht immer direkt, doch wir haben heute viel mehr Möglichkeiten, uns unsere Netzwerke zu schaffen. Von Tauschkreisen über Nachbarschaftshilfen, von Selbstversorger-Stammtischen und Gartenbauvereinen, von Eltern-Kind-Gruppen bis zur Seniorenbetreuung. Meist über Internet und Handy verbunden, kann viel mehr Austausch stattfinden. Wissen und Erfahrungen können ausgetauscht werden, ebenso wie Erntegut und Arbeitsleistung. Wobei wir eigentlich schon beim dritten Punkt sind: Teile gerecht. Doch nicht nur Teilen ist damit gemeint, auch bewusstes Konsumieren. Auf Qualität achten statt auf Quantität. Auf Regionalität achten. Denn wenn wir unsere Einkäufe direkt in der Region tätigen, beim Direktvermarkterlandwirt oder beim, als Beispiel,

Frühling im Permakulturgarten, Bereich Waldgarten.

Schneeschmelze – während auf der Wiese noch Schnee liegt, blühen in der Kräuterspirale bereits die Krokusse.

kleinen Elektrohändler (anstatt bei Expert, Media Markt, Saturn und Co.), so haben wieder mehr kleinere Qualitätsgeschäfte ihr Auskommen, das Geld bleibt in der Region und wir achten damit auch besser aufeinander. Zudem werden natürlich auch Geräte wieder repariert oder Überschüsse auch mal günstiger abgegeben. Alles ist persönlicher und man zieht sich damit auch gegenseitig nach oben. Selbst hat man im Garten auch einmal Überschüsse. Da man aber selbst nicht alles produzieren kann, kann getauscht werden! Johannisbeeren gegen Kirschen, Kartoffeln gegen Tomaten, Quitten gegen Kinderkleidung usw. Es ist so einfach!

Weiter geht es bei der verschiebbaren Schablone mit den Prinzipien der Permakultur. 12 Punkte sind es an der Zahl und Bill Mollison und David Holmgren haben jeweils etwas unterschiedliche Punkte niedergeschrieben, doch sie sind sich trotzdem sehr ähnlich bzw. wollen auf das Gleiche hinaus. Ich möchte hier die Prinzipien nach David Holmgren kurz vorstellen, da ich denke, für den Hausgarten sind diese verständlicher.

1. BEOBACHTE UND HANDLE

Wenn ich in meinen Garten/Balkon hinaustrete, dann sollten die Klimabedingungen im Auge behalten werden. Das heißt, wann kommt die Sonne morgens oder mittags auf mein Gelände und wann verabschiedet sie sich abends wieder? Wo wird es am heißesten und wo sind die Kältepunkte, bzw. wo bleibt im beginnenden Frühjahr der Schnee am längsten liegen? Wo bläst der Wind am stärksten her? Bzw. wo kommt der Wind kalt und von welcher Richtung kommen die meisten Gewitter? Es sollten also Dinge beobachtet werden, die sich im Laufe des Jahres auch mal ändern! Es ist also nicht schlecht, vorab Zeit zu investieren, bevor größere Veränderungen vorgenommen werden. Besonderes Augenmerk sollte auf den Wind gerichtet werden. Ist es möglich, diesen zu bremsen, so kann das Kleinklima im Garten sehr stark davon profitieren!

2. FANGE DIE ENERGIE EIN UND BEWAHRE SIE

Eine Hauswand ist z. B. ein genialer Wärmespeicher. Hier blühen die Frühlingsblüher wohl zu allererst. Dies kann auch für wärmebedürftigere Obst- und Gemüsearten genutzt werden. Auch ein Wintergarten ist ein genialer Wärmespeicher. Ist südlich davon auch noch ein Teich

Trockenbiotop mit Thymian, verschiedenen Nelkenarten und Hauswurzen.

Wärmeabstrahlung der Hauswand nutzen.

davorgesetzt, profitiert man durch die Spiegelreflexfläche mit einer größeren Wärmeausbeute im Wintergarten. Auch Stein- und/oder Ziegelsetzungen sind sehr effektiv. Sonnenfallenbeete oder Kraterbeete arbeiten mit diesem Prinzip. Die Steine oder Ziegel speichern die Wärme und der Wind wird aber abgebremst oder umgeleitet, so dass die Wärme nicht mitgeweht wird. So wachsen empfindliche Pflanzen, wie z. B.: Auberginen, Gurken, Muskatkürbisse, Melonen usw. um ein Vielfaches besser!

3.
FAHRE EINE ERNTE EIN

Also wenn man sich schon die Mühe macht, sein Gemüse mit Liebe heranzieht, topft und päppelt, dann sollte während der Haupterntezeit auch selbst geerntet werden! Leider beobachte ich immer wieder, dass genau zu dieser Zeit die Besitzer der üppigen Ernten in Urlaub fahren, und die Pflege und Ernte den Nachbarn überlassen. Das ist zwar sehr sozial, doch nicht effektiv! Wer sich also selbst versorgen möchte, sollte jede Art der Ernte nutzen und die Urlaubswegfahrzeit auf den Winter verschieben. Oder im paradiesischen

Fahre eine Ernte ein!

Fahre eine
Ernte ein!

Garten bleiben! Wir haben bei uns in der gemäßigten Zone mind. 3 Monate, in denen wir nichts oder nur sehr wenig aus dem Garten ernten können. Natürlich können wir unser Gewächshaus für den Winteranbau nutzen, doch wird es weniger Ernte als im Sommer sein. Dezember, Januar und Februar fallen also, je nach Witterung, als Erntezeiten so gut wie aus. Da ist es doch gut, wenn man sich aus einer vollen Speisekammer bedienen kann! Dabei gibt es auch viele Alternativen, wenn der Garten zu klein ist oder nur auf dem Balkon gewirtschaftet wird.
Bei Mundraub.org können z. B. öffentliche Obstbäume zur Ernte genutzt werden. Wildkräuter und Wildobst findet man oft in öffentlichen Grünanlagen, Gemeinschaftsgärten laden zum Mitmachen ein oder man wird selbst Mitglied einer solidarischen Landwirtschaft, bezieht seine Gemüsekiste und hilft und bestimmt mit, was angebaut wird. Es gibt immer Möglichkeiten, sich selbst versorgen zu können aus der Region und Vorratshaltung zu betreiben.

> „ES GIBT IMMER MÖGLICHKEITEN, SICH SELBST VERSORGEN ZU KÖNNEN!“

4. BESCHRÄNKE DICH UND LASS DIE NATUR DICH REGULIEREN, LERNE AUS FEEDBACK

Dies läuft ganz automatisch! Wenn wir selbst unser Grün, unsere Beeren, unser Obst anbauen, dann hat dies wesentlich mehr Lebensenergie in sich, als das länger gelagerte, meist auch weiter transportierte Gemüse und Obst aus dem Supermarkt. Sich dabei zu beschränken, wird bald nicht mehr schwerfallen! Die Natur reguliert uns, indem sie uns mit wesentlich mehr Energie versorgt und unser Körper dies auch honoriert. Zumal die Bewegung an der frischen Luft und das Kennenlernen der ganzen Pflanzen selbst auch einen positiven Aspekt auf uns ausübt.

5. NUTZE UND SCHÄTZE ERNEUERBARE RESSOURCEN UND LEISTUNGEN

Dabei denken wir wahrscheinlich zuerst an erneuerbare Energien, wie Windkraft, Solar- und Photovoltaikenergie, Erdwärme usw., doch eine unwahrscheinlich tolle erneuerbare Ressource ist unser Rasenschnitt! Egal wie oft wir mähen, er wächst immer wieder nach. Dabei ist er ein geniales Wurmfutter! Allerdings sollte er zuerst getrocknet werden, bevor er auf die Beete kommt. Die Vorteile als Dünger könnten sonst durch Schneckenfraß wieder schnell aufgehoben sein. Wir wissen ja, dass die Beete abgedeckt werden sollten, weil die Natur das sonst mit Lebendmulch, sprich Wildkräutern, erledigt! Abgestorbenes frisches Material wird jedoch von den Schnecken weggefressen. Dies ist ihre Aufgabe im System! Schwaches und welkes organisches Material wegzuräumen und mit ihrer Schleimspur das Bodenleben zu füttern. Ist jedoch der Boden im Gleichgewicht durch stetes Mulchen und nicht Gewendetwerden und hat er ein reges Bodenleben, so verliert die Schnecke ihre Aufgabe. Sie wird deshalb noch da sein, doch nicht mehr in solchen Mengen, und sie wird viel weniger Schaden anrichten! Zu weiteren erneuerbaren Ressourcen zählen Bäume. Bäume wie Ahorn, Weide, Hasel, auch Robinie, Esche und Linde. Sie alle haben etwas gemeinsam. Wenn man sie auf Stock setzt, d. h. man lässt einen Stock von ca. 40 cm Höhe stehen, dann treiben sie wieder aus und bilden schöne, gerade nach oben ragende Äste. Diese können wieder geschnitten werden und als Baumaterial für Zäune, Klettergerüste, Bohnengestänge usw. dienen. Oder eben auch als Häckselmaterial für Wege, als Mulchmaterial für Sträucher oder als Einstreu

Häckselmaterial

Gerade Stangen zum Bau von Bohnenrankhilfen oder Wildholzmöbeln.

für Hühnerställe. Oder das Holzmaterial wird verkohlt. Wir verwenden dazu einen Erdkontiki (in den Boden gegrabenes trichterförmiges Loch), da hier das Holz mit höherer Hitze brennt und nicht verascht, sondern verkohlt. Diese Kohle wird dann durch Hühnermist oder Eigenurin aktiviert, also mindestens 4 – 6 Wochen darin angesetzt, um dann oberflächlich in den Boden mit eingearbeitet zu werden. Mit der Zeit kann dadurch wertvolle Terra Preta Erde entstehen. Die Gartenkreisläufe sind wieder geschlossen!

6.
PRODUZIERE KEINEN ABFALL

Bei regionalen Einkäufen oder Eigenanbau entstehen keine Fremdabfälle. Generell sollten wir darauf achten, dass wir so wenig Müll wie möglich mit unseren Einkäufen mit nach Hause bringen. Mülltrennung ist ja zum Glück schon gang und gäbe und ich setze sie hier auf alle Fälle voraus! Doch auch die Fahrt zum Wertstoffhof verbraucht Zeit und Energie, weshalb man durch geschickte Einkäufe diese Fahrten auch noch verhindern kann. Bewusster Konsum beginnt beim Einkauf. Schauen, wo die Produkte hergestellt sind (auch die Kleidung), weniger Sachen mit guter Qualität kaufen, anstatt viele Sachen in schlechter Qualität. Sich bewusst machen, was man wirklich braucht, um ein zufriedenes Leben zu führen! Die 5 R's helfen dabei vielleicht:

„TAUSCHEN STATT KAUFEN!“

- → REFUSE (VERMEIDEN)
- → REDUCE (VERRINGERN)
- → REUSE (WIEDERVERWENDEN)
- → REPAIR (REPARIEREN)
- → RECYCLE (AUFBEREITEN)

Wenn wir also mal wieder unsere Wohnung ausgemistet haben, könnten wir schauen, was wir wiederverwenden, reparieren oder aufbereiten könnten, um nichts Neues kaufen zu müssen. Auch Tauschen wäre eine gute Option, vielleicht brauchen ja andere genau so ein Teil! Ich bin mir aber sicher, jeder wird hierbei seinen eigenen Weg finden können!

7.
GESTALTE ZUERST DAS GANZE, DANN DAS DETAIL

Dies ist ein Planungspunkt für den Garten, an dem wir erkennen, wo wir anfangen sollten. Und zwar bei uns selbst. Was essen wir denn eigentlich alles über das Jahr hinweg gesehen und wie viel? Was davon können wir selbst im Garten anbauen? Von was würden wir mehr essen, wenn wir es frisch ernten könnten? Wenn wir dies erst einmal erforscht haben, dann können wir überlegen, wie wir es anbauen möchten. Was ist am sinnvollsten, gefällt uns am besten und macht am meisten Spaß? Hochbeete, Hügelbeete, Reihenmischkulturbeete, Sonnenfallen, Mandalabeete, usw. Was könnten oder wollen wir noch Nützliches in unserem Garten haben? Einen Solardörrer, eine Komposttoilette, eine Kräuterspirale, eine Sommerküche mit Lehmbackofen, eine Wurmfarm, einen Extensiv-Kompost usw. Wenn wir uns hierbei entschieden haben, dann können wir überlegen, wie wir alle Elemente anordnen, und zwar so, dass die Wege kurz sind, der Nutzen am größten, bzw. der Arbeitseinsatz in der Erhaltungspflege so gering wie möglich ist. Die Bearbeitung, Pflege und Ernte sollte ganz leicht nebenbei erfolgen können. Das erfordert natürlich auch ein gutes Wassermanagement! Ziel ist es, die Elemente so anzuordnen, dass sie wie ein Uhrwerk ineinandergreifen im Nutzen. Mehr dazu kommt im nächsten Kapitel unter „Zonierung“ (Seite 42).
Erst wenn dies alles erledigt ist, dann kann in die Detailplanung jedes einzelnen Elementes einge-

Planen

taucht werden. Zum Beispiel, aus welchem Material man die Kräuterspirale bauen möchte, wie groß die jeweiligen Zonen sein sollen für wie viele Pflanzen, ob ein Teich dabei sein sollte oder nicht usw. Vom Großen ins Kleine!

8. INTEGRIERE MEHR ALS DU TRENNST

Meist ist ja schon einiges im Garten da, wenn man umgestalten möchte. Vielleicht ein Gartenhäuschen, ein Hausbaum, eine Thujenhecke oder immergrüne Zypressen. Es kann natürlich alles herausgerissen werden, platt gemacht werden, um dann ganz neu strukturiert wieder zu beginnen. Nicht so in der Permakultur! Hier achten wir darauf, wie viel Energie verbraucht wird, um etwas neu aufzubauen, bzw. vorher erst einmal zu entfernen. Deshalb wird versucht, soweit es geht, Dinge zu integrieren. Es besteht nämlich überhaupt kein Grund, ein Gartenhäuschen, das noch gut intakt ist, wegzureißen, um es eventuell an anderer Stelle wieder aufzubauen! Versuchen wir es stattdessen ins Gartensystem zu integrieren. Ebenso ein Hausbaum, der viel Lebensenergie und Schutz ins System bringt, auch wenn er viel Schatten wirft. Vielleicht muss dadurch die Zonierung etwas anders angelegt werden, aber wird der Baum entfernt, bricht gleich einmal ein gutes Stück ökologisches Gleichgewicht und Windfang weg! Was ich allerdings fast immer entfernen würde, wären Zypressen und Thujenhecken. Eine Thujenhecke, lebensfeindlich und bodenübersäuernd, hat meiner Meinung nach nur eine Berechtigung an einer Hauptverkehrsstraße, wo sie als Puffer und Blickschutz gute Dienste leisten kann. Ansonsten würde ich diese kurzgeschnittenen Lebensbäume (an sich schon ein Desaster für einen über 30 m hoch wachsenden Baum), entfernen, und lieber durch Vogelnährgehölze bzw. Wildobst, das auch wir nutzen können, ersetzen. Vielfalt vermehren!

Ressourcen

Mischkultur

9.
NUTZE KLEINE UND LANGSAME LÖSUNGEN

Das Gras wird auch nicht schneller wachsen, wenn man daran zieht! Manchmal braucht es Zeit. Auch wir brauchen Zeit, um mit unserem Garten wachsen zu können. Legen wir alles auf einmal an, könnte es sein, dass uns der Garten über den Kopf wächst, auch mit der Ernteverarbeitung. Es handelt sich hierbei nämlich um Fertigkeiten, die auch nicht von heute auf morgen gleich funktionieren!

Oder wir möchten z. B. ein Hochbeet oder eine Sonnenfalle aufbauen. Natürlich kann der einfache Weg begangen werden. Das heißt, es wird in den Baumarkt gefahren und alles wird dort eingekauft. Oft gibt es ja auch schon Bausätze! Oder man schaut sich erst einmal um, nutzt die nachbarschaftlichen Ressourcen, sammelt Baumaterial zusammen, das vielleicht hier und da noch übrig war, und beginnt kreativ zu werden. Natürlich kann man sich hierbei auch der Ressourcen bedienen, die in der Erfahrung von Freunden und Bekannten liegen. Es müssen ja nicht alle Fehler persönlich begangen werden! So wird ein Element erschaffen, das individuell ist, keine Massenware aus dem Baumarkt, sondern ein extra auf uns selbst zugeschnittenes Element für den Garten.

10.
NUTZE UND SCHÄTZE DIE VIELFALT

Wahrscheinlich ist dies einer der wichtigsten Prinzipienpunkte überhaupt! Im Film „ Der Bauer und sein Prinz“ von Bertram Verhaag, Denkmalfilm, wird gezeigt, wie der Verwalter der Güter von Prinz Charles in Wales die insgesamt 700 Hektar Land bewirtschaftet. Sehr permakulturell übrigens! Auf einem Weizenfeld baut dieser Verwalter, der das Land bewirtschaftet, 16 verschiedene Sorten Weizen an. Jede Reihe eine andere. Und warum? Weil man beim Anbau nicht vorhersagen kann, wie das Wetter wird! Durch den Anbau dieser vielen verschiedenen Sorten kann aber eine garantierte Ernte vorhergesagt werden. Die Sorten gleichen sich untereinander, innerhalb der Jahre, aus. Genauso können wir das aber auch machen. Nicht nur die verschiedensten Gemüsearten, sondern auch verschiedene Sorten innerhalb der Arten! Nicht nur zarten Kopfsalat, nein, auch Pflücksalate und bunte Salate, nicht nur Muskatkürbis, auch Gartenkürbis, Pepokürbis und Zucchinis. Nicht nur Karotten, sondern auch Rote Bete, Mairübchen, Rettiche, Sellerie, Kohlrüben usw. Wir wissen nicht, wie das Jahr werden wird, und erfahrungsgemäß wächst in jedem Jahr etwas anderes sehr gut! Wichtig ist nur, dass am Ende des Jahres die Speisekammer

Randzonen mit Wurzelbiotop, darunter Natursteinmauer und ganz unten Hecke.

voll ist! Und dann heißt es: Lass die Natur dich regulieren! Was im Klartext heißt: Iss das, was gerade gewachsen ist!

Ebenso ist die Vielfalt der Insekten, Vögel und sonstigen Nützlinge sehr wichtig! Das heißt, es bedarf vorher einer Vielfalt an Nahrungspflanzen, Blumen, Sträuchern, Bäumen usw. und Nist- und Unterschlupfmöglichkeiten, damit diese im Bedarfsfall auch sofort da sind und die Schädlinge wie Läuse und Raupen absammeln. In der Vielfalt liegt die Lösung reichhaltiger Ernten!

11. NUTZE RANDZONEN UND SCHÄTZE DAS MARGINALE

Randzonen sind nicht nur die Bereiche an unseren Grundstücksrändern, nein, es sind auch die Bereiche, die zwischen unseren Gartenräumen liegen. Das kann eine Spalierbaumreihe oder ein Natursteinmäuerchen sein, ein Insektenhotel oder ein Totholzhaufen, eine Blumenwiese oder eine Wildobsthecke, eine Benjeshecke oder eine Eidechsenburg. Es sind all die Bereiche, die von uns nicht betreten werden, so dass Igel und Mauswiesel, Florfliege und Ohrwurm, Eidechse und Spitzmaus sich wohl fühlen.

12. REAGIERE AUF VERÄNDERUNGEN MIT KREATIVITÄT

Das heißt auch, mache so viele Fehler, wie du nur kannst, denn nur aus Fehlern lernen wir! Ein Beispiel: Natürlich lasse ich meine Hühner gerne bei mir im Garten laufen, denn nur so können sie nach Schädlingen suchen. Allerdings, sobald ich Beetarbeiten verrichte, neue Pflanzen setze oder Beikräuter entferne, sind sie auch schon da, kontrollieren meine Arbeit und meinen es besser machen zu können! Nach dreimaligem Wiedereinsetzen der jungen Kopfsalate ist aber nicht mehr viel übrig und die Schnecken fressen die armen verletzten Pflänzchen komplett weg. Das heißt, eine Lösung musste her. Das Einfachste wäre natürlich das Wegsperren der Hühner gewesen. Das wollte ich jedoch nicht. Deshalb liegen auf meinen Beeten nun entweder eine Menge Stecken oder alter Maschendrahtzaun. Dieser wird nach dickem Abmulchen der Beete einfach darübergelegt und die Pflänzchen werden in den Zwischenräumen gesetzt. Die Hühner werden nun am Scharren gehindert, jedoch nicht am Picken! Sie können ihre Arbeit verrichten, richten aber keinen Schaden mehr an.

> „MACHE SO VIELE FEHLER, WIE DU NUR KANNST, DENN NUR AUS FEHLERN LERNEN WIR!“

Da noch kein Meister vom Himmel gefallen ist, wird auch bei euch bald eine Situation eintreten, in der man meint, die ganze Arbeit war umsonst! Doch für was haben wir denn Einfallsreichtum mitbekommen? Diese Schöpferkraft ermöglicht es, dass wir schlauer sind als die lieben Tiere, und es gibt für jedes Problem eine Lösung. Wir können schließlich üben und beginnen jedes Gartenjahr von Neuem! Das heißt, in Lösungen denken, nicht in Problemen!

Das waren sie nun, die 12 Prinzipien. Mittlerweile ergeht es mir schon so, dass ich mir bei ganz normalen Alltagsproblemen, die da manchmal einfach so auftauchen, die Prinzipien vor Augen führe und alles läuft leichter. Sie sind also nicht nur auf unseren Garten anwendbar, sondern auf das gesamte Leben!

21,05,21 = 21 Uhr

ZEIT IST ALLES –

DIE ZONIERUNG IM GARTEN

Ein weiteres Teil der „Schablone" ist die Einteilung des Gartens. Alles soll so praktisch und sinnvoll wie möglich angeordnet sein. Wenig Arbeit wollen wir haben, dekorativ ausschauen soll es und einfach zu bewirtschaften soll es sein, so dass wir größtmöglichen Nutzen daraus ziehen können.
Dazu sollte aber auch alles, was etwas mehr Arbeit macht, so nah wie möglich am Haus sein! So dass wir diese „Arbeit" ganz nebenbei erledigen können.

Dazu gehören in **ZONE 1** direkt rund ums Haus:

- **Die Topfkulturen**
- **Die Intensivbeete (Hochbeete, Hügelbeete, Mandalabeete usw.)**
- **Das Gewächshaus, bzw. Frühbeete**
- **Regenwasserauffangoption, bzw. generell die Wasserversorgung, denn in Zone 1 wird gegossen**
- **Die Wurmfarm**
- **Das Brennholz (wenn Holzöfen genutzt werden)**
- **Die Kräuterbeete, Kräuterspirale**

Zone 1, Intensivzone

Zone 2, intensives Früchte-Beeren-System und Nutztier-Bereich

- Wärmenutzung der Hauswand, evtl. Wintergarten und davorgesetzt ein kleiner Teich, zur Spiegelreflektion = wieder mehr Wärmeausbeute im Wintergarten
- Insektenhotel, bzw. kleine Nützlingshotels, damit die Tierchen gleich in Zone eins arbeiten können
- Hühnerstall (an die Grenze zu Zone 2)

In **ZONE 2**, etwas weiter hinten, gehören dann:

- Intensives Früchte-Beeren-System (Waldgarten)
- Hühnerauslauf
- Wildgemüse, Beeren und Teekräuter in den Baumscheiben

Zone 3,
extensiver Gemüseanbau

Zone 4,
Streuobstwiese

Zone 5, Wildniszone

In **ZONE 3** käme dann das:

- **Extensivgemüse, Gemüse, das nicht viel Pflege braucht, dafür aber eine dicke Mulchschicht**
- **Dazu gehören: Kartoffeln, Zuckermais, Wildtomaten oder Freilandtomaten, Trockenbohnen, Wildkohl oder Grünkohl-Arten, auch Rosenkohl oder Weißkraut. Diese Gemüsearten brauchen wenig Pflege, wobei hier nie die Reihen mit evtl. Ringelblumen und /oder Tagetes fehlen sollten, zur Anlockung von Insekten!**

In **ZONE 4**, die aus den normalen Hausgärten wieder rausfällt, stehen die:

- **Streuobstwiese, Viehweiden, Ackerkulturen (wie Getreide), Heuwiesen, Niederwaldwirtschaft, Fischkulturen, …**

In **ZONE 5**, der Wildniszone, finden wir:

- **Wildblumenwiese**
- **Wildobsthecke**
- **Totholzhaufen oder Benjeshecke**
- **Raum für die Natur zum Aufbau eines ökologischen Gleichgewichts im Garten**

Die Zone 5 sollte in jedem Garten mind. 20 – 25 % der Gesamtfläche ausmachen! Nur so finden genügend Nützlinge Wohn- und Vermehrungsraum, damit wir uns nicht um die Schädlinge zu kümmern brauchen. Doch rechnen wir alles mit ein, das vertikale Natursteinmäuerchen, das Insektenhotel, den Heckenraum zum Brüten der Vögel, den Laub- und Totholzhaufen darunter, die Wildblumen-Kräuter-Fläche, dann haben wir diese Fläche relativ schnell beisammen!

Es gibt noch eine **ZONE 6**, dort finden wir alle Platz. Zone 6 bezeichnet den Austausch untereinander. Sei es an Tauschware oder an Informationen. Es sind die Kinder, die bereits ausgezogen sind und sonntags zum Essen kommen, oder die Kursteilnehmer auf einem Selbstversorger-Kurs. Es sind die Nachbarn, die zu viel an Zucchini über den Zaun reichen und wir, die wir unsere Tomaten- oder Apfelfülle teilen.

WIE KANN SELBSTVERSORGUNG HEUTE AUSSEHEN?

Eine hundertprozentige Selbstversorgung kann wohl bei uns und heutzutage keiner erreichen. Innerhalb eines Dorfes, früher, vor über 100 Jahren, war dies vielleicht noch möglich, so genügsam. Mithilfe der verschiedenen Talente und Berufe der Dorfeinwohner.

Doch ein Mensch kann nicht alles können. Da heißt es Abstriche machen. Für manche wird eine Selbstversorgung mit Kräutern und Grünzeug schon eine Bereicherung sein, andere wiederum haben größere Ansprüche und wollen so viel wie möglich erreichen, an Obst und Gemüse, Fleisch und Milch. Es kommt einerseits auf die Fläche an, die man zum Bewirtschaften zur Verfügung hat, andererseits natürlich auch auf die Zeitressourcen, die man neben Job und Familie zur Verfügung hat, aber auch auf die Lagermöglichkeiten, die heutzutage nicht mehr jedem optimal zur Verfügung stehen. Natürlich auch auf die Art der Ernährung. Reine Veganer verbrauchen mit ihrer Versorgung am wenigsten Fläche. Bei guter Bewirtschaftung sollen da bereits 100 m^2 reichen pro Person über das Jahr hin gesehen. Wobei meiner Meinung nach

Selbst Brot backen.

Ernteschubkarren
im Oktober.

Eingekochtes Obst.

Fermentiertes und in Essig Eingelegtes.

genug Platz für Obst und Beeren einberechnet werden sollte. Vegetarier, die gerne mal auch Eier, Honig oder vielleicht auch etwas Ziegenmilch selbst erwirtschaften möchten, sind die nächsten im Flächenverbrauch. Doch mit 1000 m^2 kommt man auch hier locker aus. Generell, sobald Tiere mit im Spiel sind, wird mehr Gelände benötigt, da auch diese ihren Anteil an der Versorgung brauchen. Der Fleischesser verbraucht, bei einer Haltung von Großtieren, natürlich am meisten Land. Doch können hierbei am besten Kooperationen eingegangen werden mit Landwirten, die ihre Tiere auf der Weide halten, und schließlich können Tiere auch geleast werden. So sind Landwirt und Verbraucher gleichermaßen abgesichert!

Doch wie sieht es aus, wenn der Garten zu klein ist oder die passende Anbaufläche? Dann heißt es, alles nutzen, was zur Verfügung steht. Fehlt die Fläche in der Horizontalen, dann gehen wir in die Vertikale! Wie das genau aussehen kann, findet ihr bei den Elementen im Garten, beim Balkongarten. Es besteht auch immer die Möglichkeit, sich einer solidarischen Landwirtschaft anzuschließen, einer sogenannten SoLaWi. So bekommt man wöchentlich Gemüsekisten, also seinen Ernteanteil, kann mitbestimmen und mitarbeiten, innerhalb der Gemeinschaft. Das ist sehr bereichernd, vor allem, wenn man noch nicht so erfahren ist im eigenen Anbau!

In städtischen Bereichen gibt es oft auch die Möglichkeit zum gemeinschaftlichen Gärtnern, wer Glück hat, kann auch einen Schrebergarten pachten.

Es gibt aber immer noch etliches, das noch zugekauft werden muss. Wie z. B. Zucker, Salz, einige Gewürze, Getreide, Öle, Essig (werden die wenigsten selbst herstellen), Hygieneartikel und Kosmetik. Letztere können zwar einfach selbst hergestellt werden aus Basisprodukten,

Eigene Salbenherstellung, zur Hautpflege.

doch auch diese müssen eingekauft werden, wie z. B. ätherische Öle, Schlämmkreide, Wascherde, Waschsoda, Natron, Kernseife oder Ähnliches. Es ist sehr gut möglich, in diesem Bereich Synthetisches und Gesundheitsschädliches zu vermeiden. Doch es sollte immer Spaß machen und zu keinem Dogma werden. Plastik- und Müllvermeidung sollte auch immer wichtig sein, doch ein guter Umgang mit Müll und Wertstoffen ist schon ein großer Schritt hin zu mehr Eigenverantwortung.
Selbst wenn nur ein kleiner Teil der Ernährung aus dem eigenen Anbau kommt, dann unterstützt dies trotzdem ungemein, nicht nur den Speiseplan und die Frischeversorgung, sondern auch das Gefühl der Zufriedenheit, wenn die Kräuter, der Salat, die Beeren frisch gepflückt auf dem Tisch zur Verfügung stehen. Es gibt einfach nur ein gutes Gefühl!

Autark mit Holz heizen.

MÖGLICHE ELEMENTE IM PERMAKULTUR-GARTEN

Wir sprechen von Elementen im Gartensystem, wenn wir von verschiedenen Beetformen und Hilfsmitteln zur eigenen Versorgung sprechen, die uns unterstützen und den Anbau und die Verarbeitung optimieren. Ein Garten braucht nicht all diese Elemente zu haben, sie stellen nur Beispiele dar, was eventuell machbar und nützlich ist. Sie sollen euch inspirieren, als Ideengeber fungieren, und ihr könnt sie dann aber auch weiterentwickeln und für euch anpassen! Es ist euer zukunftsfähiger Lebensraum, jeder muss sich seinen Garten selbst erarbeiten und langsam aufbauen, damit er leb- und erlebbar ist und vor allen Dingen niemandem über den Kopf wächst, das heißt, ihr euch nicht überfordert fühlt damit.

VERSCHIEDENE BEETFORMEN

DAS HOCHBEET

Noch vor 20 Jahren fast unbekannt, steht es nun schon in fast jedem Garten. Es ist die Idealform des bequemen Anbaus. Es gibt im Handel mittlerweile die unterschiedlichsten Varianten für Hochbeete. Aus Lärchenholz, aus Metall, aber auch aus Naturstein lassen sich tolle Hochbeete machen. Die individuellste Art ist jedoch immer, wenn man es selbst zusammenbaut. Lärche hält dabei eigentlich am längsten, doch auch dicke Fichtenboller haben eine Haltbarkeit von über 10 Jahren. Die Planung sollte nicht zu klein ausfallen! Und das kann man generell sagen, so ein Hochbeet ist immer zu klein! Beachtet werden sollte, dass man das Holz auf Steinen aufbaut. Dies können einfache Pflastersteine sein. So kann das Holz von unten her keine Nässe ziehen. Des Weiteren sollte an einen Wühlmausschutz von unten her gedacht werden. Also engmaschigen Draht unten auslegen und innen am Holz festtackern. Der innere Aufbau wird geschichtet, mit unterschiedlichsten organischen Materialien. Dies ist sehr wichtig, da durch den Verrottungsvorgang Wärme und Energie freigesetzt wird. Das kommt den Pflanzen zugute! Das unterste Drittel sollte aus reinem Holzmaterial bestehen. Ganze Stämme, Häckselmaterial, Strauch- und Heckenschnitt, möglichst ohne Zwischenräume bzw. Hohlräume! Beinhaltet das Holz viele Astgabelungen, dann bleibt viel luftiger Raum da unten und die Füllung im Hochbeet sitzt sehr schnell zusammen. Dies kann vermieden werden! Das mittlere Drittel besteht aus Mist (z. B. Pferdemist), Laub, Pappe, Grasschnitt, altem Heu usw., und das obere Drittel wird aufgefüllt mit Grobkompost. Dieser kann auch von den Nachbarn mit eingesammelt werden. Als letzte Schicht wird fertige Komposterde eingefüllt und oben mit getrocknetem Grasschnitt oder Laub abgemulcht. Das Mulchen am Schluss ist sehr wichtig, da das Hochbeet anfangs noch keine Wasserspeicherkapazität aufweist, und wenn dann

Hochbeete

Verschiedene Hochbeete.

auch noch eine schnelle Verdunstung dazukommt, wird man mit dem Gießen nicht mehr fertig! Da nun so viel Organik im frisch befüllten Hochbeet steckt, sollten anfangs auch hauptsächlich Starkzehrer angebaut werden, das heißt Pflanzen wie Tomaten, Paprika, Chili, Kohlarten, Sellerie oder Zucchini und Kürbisse. Letztere nehmen allerdings so viel Raum ein, dass es nicht zu empfehlen ist, diese in ein Hochbeet zu pflanzen, und wenn, dann nur ganz an den Rand, so dass die Pflanzen nach außen wuchern können (was allerdings oft beim Rasenmähen hinderlich sein kann!).

DAS HÜGELBEET

Der größte Vorteil eines Hügelbeetes: Verdoppelung der Anbaufläche! Im Optimalfall wird diese Beetform von Nord nach Süd ausgerichtet, so dass jede Seite genug Sonne abbekommt! Man kann diese Beete allerdings auch auf einem Hang anlegen, dann aber leicht schräg zu diesem, so dass Regenwasser langsam hineinsickern kann. Generell ist der Aufbau dem des Hochbeetes sehr ähnlich. Allerdings wird für das Hügelbeet ca. 30 cm ins Erdreich gegraben. Die Grassoden werden separat vom Mutterboden gelagert. In diese gegrabene Furche, die ca. einen Meter bis 1,2 Meter breit sein sollte, werden ganze Stämme gelegt. Immer schön neben- und aufeinander gestapelt. Am besten werden alle Aststücke stammnah abgeschnitten. Es

Hügelbeet

Hügelbeete und ihr Aufbau.

sollten so wenig Lufträume wie möglich dazwischen sein! Zwischendurch kann auch mit den Grassoden ausgestopft werden. Je sauberer hier bei der Basisarbeit gehandelt wird, desto länger hält das Hügelbeet! Nach dieser Holzarbeit und dem Aufbringen der restlichen Grassoden kommen Mist, Laub, altes Heu usw. in einer dicken Schicht darüber. Anschließend Grobkompost, eine schöne Schicht Feinkompost und getrockneter Rasenschnitt als Mulchabschluss. Das Mulchen ist beim Hügelbeet besonders wichtig. Da es frei in der Luft liegt, noch dazu erhöht, kann der Wind die ganze feuchte Luft, die sich direkt darüber sammelt, wegblasen, und das Beet trocknet viel zu schnell aus. Auch hier gilt erst einmal, keine Schwachzehrer, wie z. B. Salate, anzupflanzen, denn dank der vielen Organik im Beet könnte es beim Salat zu einer viel zu hohen Ansammlung von Nitrat kommen. Auch auf dem Hügelbeet empfiehlt sich ein Anbau in Mischkultur, da sich Gemüse gegenseitig gesund erhalten kann. Dies kann durcheinander erfolgen oder sauber in Reihen.

Mandalabeet, extra klein für die Kinder.

DAS MANDALABEET

Es ist wohl das optisch ansprechendste Beet, es braucht aber auch genügend Platz, um einen größeren Nutzen davon zu erzielen. Die meisten Mandalabeete werden wohl in Form eines Wagenrades mit 8 Feldern zu finden sein. Es gibt jedoch weitere ansprechende Formen und der Kreativität sind hierbei keine Grenzen gesetzt! Ob mit Schlüsselloch-Zugängen runder Beete oder kleine Hügelbeete, die in Kreisform angelegt sind. Es gibt sogar einen Mandalabeet-Garten in Form einer Blume des Lebens. Allerdings sind solch grazile Muster in der Hauptvegetation sowieso nicht mehr sichtbar! Sinnvoll soll es sein, und sind Beete in Wagenradform angelegt, so kann die Fruchtfolge exakt eingehalten werden, indem man Starkzehrer, Mittelzehrer, Schwachzehrer und Gründüngung jährlich ein Beet weiterschiebt! So kann der Anbauplan jedes Jahr aufs Neue angewendet werden, nur eben immer ein Feld weiter. Wird ein Mandalabeet neu angelegt, so kann man sich natürlich die Mühe machen und die Grassoden abtragen und umgraben. In der Permakultur wird allerdings ein einfacherer Weg gegangen. Die Grasfläche wird einfach mit unbedruckten Kartonagen abgedeckt und mit Mist, Laub und Grasschnitt abgedeckt. Als Erstbepflanzung empfehlen sich stets Kartoffeln. Die zu entstehenden Wege evtl. mit Holzhäcksel bestücken. Die genaue Beschreibung zur Anlage eines Mulchbeetes findet ihr auch weiter hinten unter dem Unterpunkt: Das Kartoffel-Mulchbeet.

Reihenmischkulturbeet

Sonnenfalle im Frühling.

DAS REIHENMISCHKULTURBEET

Diese Beetform besticht durch ihre Art der Bepflanzung. Erfunden hat diese Getrud Franck, perfektioniert hat sie Margarete Langerhorst. Stets eine Reihe wird hier mit einer Kultur bepflanzt, nach den Regeln der Mischkulturpraxis. Das heißt, Gemüse, das sich mag, wächst mit den Wurzeln ineinander. Gemüse, das sich nicht mag, versucht voneinander weg zu wachsen. Bei Letzterem geht so viel Energie verloren, dass sich das Gemüse nicht richtig zu entwickeln vermag. Die Reihenbreite pro Gemüse beträgt 40 cm. Jede 6. Reihe wird mit Weißklee eingesät. Dieser fungiert als Gründüngung, ist aber trittfest, so dass diese Reihe für ein Jahr lang als Weg gedacht ist. Doch auch dieser verschiebt sich wieder um eine Reihe im nächsten Jahr. Das heißt im Klartext: Man legt sich einen Anbauplan zurecht und verwendet diesen jedes Jahr, allerdings verschieben sich die Reihen jährlich um eine weiter. Fällt auf einer Seite eine Kulturreihe weg, reiht man sie hinten wieder an. Wird nur in jede 4. Reihe Kohl geplant, so kann die Fruchtfolge der Kohlgewächse optimal eingehalten werden! Denn diese sollen nur alle 4 Jahre auf den gleichen Platz gepflanzt werden, will man diese lästige Pilzerkrankung vermeiden, die man Kohlhernie nennt. Denn diese Krankheit kann bis zu 20 Jahre im Boden verbleiben. Das Reihenmischkulturbeet spart also Platz und Arbeit. Auch hier wird der Boden immer abgedeckt. Allerdings, wenn im Sommer die Gemüseblätter den Boden beschatten, ist dies nicht mehr unbedingt erforderlich, jedoch hat es Vorteile der Bodenlockerung, wenn trotzdem eine Mulchschicht aufliegt. Der Wurm ist schließlich der Ochs des armen Mannes, von daher ist die Bodenabdeckung immer durchzuführen. Damit erspart man sich aber die Arbeit des Hackens und gießt wesentlich weniger!

DIE SONNENFALLE

Hier kommt das Permakulturprinzip „Fange Energie ein und bewahre sie“ zu tragen. Ob kreisförmig oder U-förmig, diese Sonnenfalle ist immer nach Süden hin offen und im Norden erhöht. Ob aus Naturstein oder alten Dach- oder Lehmziegeln, spielt keine große Rolle. Der Wind wird außen rundherum vorbeigeleitet, die

Sonnenfalle im Sommer.

erwärmte Luft innerhalb der Sonnenfalle bleibt erhalten. So ist sie besonders für empfindliche Kulturen geeignet oder für Gegenden, die sehr von Wind geplagt sind. Auch Eidechsen fühlen sich erfahrungsgemäß innerhalb von Sonnenfallen sehr wohl, weshalb diese dann auch gleich mehrere Funktionen erfüllt und gleichzeitig zum Nützlingsbiotop wird.

DAS KRATERBEET

Das Kraterbeet kann sich in einen Südhang einfügen oder es wird eine Rückwand aus Lehmziegeln, Dachziegeln oder Naturstein aufgebaut. Beim Kraterbeet ist, wie der Name schon sagt, ein Krater ausgehoben und vom Süden her ein Zugang. Die Mitte bildet ein größerer Stein oder bei großen Kraterbeeten eventuell auch ein Teich. Der Stein sammelt Tauwasser und speichert es unter sich, so dass die Pflanzenwurzeln sich bedienen können, der Teich sorgt für Verdunstungsfeuchte.

Ursprünglich kommt diese Beetform von der Insel Lanzarote. Dort wächst der Wein in solchen Vertiefungen, die mit Lavakiesel bedeckt sind. So können die Trauben dort richtig trocken aufliegen und haben die volle Wärmeausbeute. Sepp Holzer hat eine größere Form des Kraterbeetes entwickelt. Mit einem Durchmesser von bestimmt 20 – 30 m und einer Tiefe von bis zu 4 Metern. Spiralförmig ziehen sich die Beete mit einer Breite von 1,50 m inkl. Weg in die Tiefe. Am tiefsten Punkt sammelt sich das Wasser

Bau des Kraterbeetes.

Kleines Kraterbeet.

Extensivbeet mit Wärmespeicher.

zum Teich und versorgt das Gemüse rundherum mit Verdunstungsfeuchte und Reflektionslicht. Für so ein riesiges Kraterbeet braucht man jedoch erst einmal den Platz!

In den Bildern seht ihr die Kleinform eines Kraterbeetes. Es war das Projekt meines Sohnes als mittlere Montessoriarbeit. Er wollte Melonen kultivieren, ohne viel Arbeit zu haben. Es hat definitiv funktioniert! Es wurden wunderbare Melonen, ohne zu gießen. Die Zweige dienten wiederum als Hühnerscharrschutz, da diese das Beet natürlich auch sehr toll fanden.

DAS EXTENSIVBEET

Ein dick abgemulchtes Beet, auf dem pflegeleichte Kulturen mit langer Vegetationszeit wachsen, die nicht viel Aufmerksamkeit benötigen. Im Mai angesät oder mit gesetzten Jungpflanzen, braucht man nicht zu gießen, da durch die Mulchschicht sogar noch die Winterfeuchte gespeichert ist, vorausgesetzt, die Schicht liegt seit dem Herbst! Kulturen, die auf solchen Beeten wachsen, sind z. B.: Mais, Grün- oder Rosenkohl, Trockenbohnen auf Stangen oder in Buschform, Kürbisse, Freilandtomaten, Hirse, Futterrüben, Lauch usw. Dieses Beet wird nicht gegossen, es ist auch meist weiter vom Haus weg und in Zone 3 beheimatet. Wird ein Beet nicht gegossen, ist die Pflanze bemüht, tiefe Wurzeln zu bilden. Das macht sie unempfindlicher gegenüber Trockenzeiten. Pflanzen, die wir täglich gießen, machen sich diese Mühe nicht. Fallen wir als Gießer weg, dann vertrocknet das Gemüse.

DAS KARTOFFEL-MULCHBEET

Der Kultur-Beginner! Möchte man, ohne sich die Mühe des Umgrabens und Bodenfräsens zu machen, ein Beet anlegen, dann ist die Mulchbeet-Variante wohl die geeignetste dazu. Einfach auf dem Wiesenstück, auf dem das Beet entstehen soll, Kartonagen auslegen. Am besten unbedruckt, da wir ja Schwermetalle vermeiden wollen! Nun kommt, vorrangig im Herbst, richtig dick organisches Material darauf. Also Laub (kein Nuss- u. Eichenlaub wegen der Gerbstoffe), Grasschnitt, Mist, Grobkompost, mind. 40 cm hoch. Keine Sorge, der Wind wird, sobald diese Mischung nass ist, nichts mehr davon wegwehen! Hühner sollten allerdings von diesem Beet ferngehalten werden!

Nun kommen ab Mitte April die Saatkartoffeln ins Beet. Dazu bis zum Erdboden hinunterbohren und die Kartoffel auf dem Erdboden auflegen. Das Mulchmaterial darüber wieder schließen. Es können alle 30 x 30 cm Kartoffeln gelegt werden. Die Triebe dieser Kartoffeln bohren sich durch die Mulchmasse hindurch und entfalten ihr Grün. Unten treiben die Kartoffeln, lockern den Boden, vertreiben die Beikräuter. Wenn ca. im August das Grün der Pflanzen abstirbt, nach der Blüte, dann kann geerntet werden! Dazu muss dann nur noch an den bereits dürren Stie-

Kartoffelmulchbeet entsteht bereits im Herbst.

Kartoffelmulchbeet vor Setzen der Kartoffel.

len gezogen werden, und die Knollen kullern einem entgegen. Die Mulchmasse ist im Laufe des Sommers verrottet, wurde von den Würmern zerkleinert und in wertvolle Wurmerde umgewandelt. Achten sollte man darauf, dass immer genug Masse auf dem Beet aufliegt, sonst kann es vorkommen, dass Knollen oben ans Licht schauen und Grün werden. Diese müssen unbedingt aussortiert werden, sie sind für uns giftig! Deshalb kann während der Vegetationszeit der Kartoffeln auch munter nachgemulcht werden! Nach der Ernte liegt noch restliches grobes Material auf dem Beet. Möchte man die nächsten Kulturen einsäen, kann dieses grobe Material am Beetrand gelagert werden und später, wenn die jungen Pflänzchen groß genug sind, wieder über die Erde zwischen die Kulturen gelegt werden. Die Abdeckung der Erde ist immer wichtig! Angst vor Wühlmäusen kann man haben, muss man aber nicht! Natürlich kann es vorkommen, lässt man die Knollen zu lange in der Erde, dass die kleinen Mitesser sofort da sind. Das sind sie aber im normalen Kartoffelbeet auch! Kleine Windräder mit hohlem Stiel oder eingegrabene Flaschen mit der Öffnung nach oben haben sich hierbei bewährt! Die Geräusche halten die Nager weitestgehend fern! Generell ist es immer von Vorteil, wenn sich auf einem Gelände viel bewegt, in der Arbeit gegen diese Beißer. Die meisten Schäden entstehen, wenn sie sich als Alleinherrscher wähnen!

Kartoffelmulchbeet im Sommer.

Kartoffelmulchbeet bei der Ernte.

Kartoffelmulchbeet nach der Ernte der Kartoffeln.

Trocken- und Nützlingsbiotop.

Nützling – Schwebfliege.

Nützling – Eidechse.

NÜTZLINGSBIOTOPE

Haben wir genug Nützlinge im Garten, brauchen wir uns um die Schädlinge nicht zu kümmern. Das können wir getrost der Natur überlassen. Damit sich die Nützlinge aber auch bei uns wohl fühlen, ist es von Vorteil, wenn wir ihnen verschiedenste Behausungen zur Verfügung stellen.

DAS INSEKTENHOTEL

Ein dekoratives Element, das hauptsächlich für Florfliegen, Marienkäfer und Ohrwürmer gedacht ist. Natürlich nutzen dieses auch viele kleine Käferleins und sonstige Insekten. Gefüllt mit Heu, Stroh, Holzwolle, Fichtenzapfen, Rindenstücken, evtl. Bambusstecken und Holunderstäben, auch die Stäbe von abgestorbenen dornenlosen Brombeeren sind ideal. Generell alle markhaltigen Stängel. Das Ganze sollte nach Süden hin, besser noch Südosten ausgerichtet sein. Es geht darum, dass wir den lieben Nützlingen Brutmöglichkeiten geben. Sie sollen sich bei uns wohl fühlen und gefahrlos ihre Jungen aufziehen können, denn auch diese Larven fressen bereits Blattläuse und weiße Fliegen. Übrigens tun dies auch Spinnen. Deshalb das nächste Mal einfach freuen, wenn die lieben Spinnen ihre Netze spannen, besonders zwischen den Kohlpflanzen, die gerne von der weißen Fliege heimgesucht werden!

TÖPFCHEN

Die einfachere Variante zum Insektenhotel ist, einfach Tontöpfe aufzuhängen. An Obstbäumen genauso nützlich wie im Gemüsegarten. Ist kein Zweig zum Aufhängen da, sollten die Tontöpfe, die viel schöner bemalt aussehen, auch auf einen Stock gesetzt werden. Befüllt mit Stroh, Heu oder Holzwolle ziehen hier sehr gerne Marienkäfer und Ohrwürmer ein! Es ist toll zu beobachten, wenn die Marienkäferlarven an den Topfrändern herumlaufen und versuchen, an die Blattläuse zu kommen!

Insektenhotel
Holunderstäbe für
die Wildbienen.

Verschiedene
Bruthilfen für
Mauerbienen.

Insektenhotel

Mauerbienenröhrchen

DIE WILDBIENEN

560 Wildbienenarten gibt es bei uns, davon sind 40 Hummelarten. Wir kennen davon noch viel zu wenige! Deshalb sollten wir auch Raum für sie schaffen, mit überdachten, nach Südosten ausgerichteten Unterschlupfelementen aus gebranntem Ton, getrocknetem Lehm, gebohrtem Laubholz, Bambus, Holunder- und Brombeerstäben. Das Mark aus den Stängeln holen sich die Tiere selbst heraus und legen dort ihre Brut hinein. Auch Papphröhrchen sind heiß begehrt, besonders unter den Mauerbienen. Da aber nicht mal ein Fünftel von allen Wildbienen fertige Röhren annimmt, ist es auch wichtig, Totholzstämme im Garten zu belassen oder Sandhaufen oder geschützte sonnige Lehmwände. Dort können dann die Bienen ihre Brutröhren bauen und sich vermehren. Sie leisten eine sehr wichtige Arbeit in der Befruchtung unserer Obstbäume, Beerensträucher und des Gemüses bei Saatgutvermehrung! Die Honigbiene nämlich ist ein reiner Schönwetterflieger! Ist es windig, nieselig oder hat es unter 15 Grad, dann schaut es schlecht aus mit der Befruchtung! Doch mit Hummeln und Wildbienen ist dies zusätzlich abgedeckt. Noch dazu, wenn nicht mehr in allen Gegenden Imker vorhanden sind.

Eidechsenburg

DIE EIDECHSENBURG

Die Eidechsen, die Elfen unter den nützlichen Tierchen! Sie brauchen Steine oder eben Medien, die sich in der Sonne aufwärmen, damit sie flink genug vor Feinden flüchten können. Dazu eignen sich Natursteine, Dachziegel oder Lehmziegel. Sind im Garten keine Natursteinmauern vorhanden, die südlich ausgerichtet sind, dann kann mit alten Dachziegeln eine Eidechsenburg gebaut werden. Es handelt sich dabei um aufgeschichtete Dachziegeltürme. Dies kann aber kombiniert werden, indem Dachziegel gestapelt aufeinander, als Beeteinfassung oder Sonnenfalle verbaut werden. So hat man gleichzeitig die Eidechsenburg und wieder einen Mehrfachnutzen!

DER TOTHOLZHAUFEN

Ein sehr wichtiges Element in der Zone 5, der Wildnis- oder Randzone. Sie kann auch Pufferzone zu einem Feld sein. Auch Totholzhaufen können schön gestapelt werden und dekorativ aussehen. Am besten packt man innen und außen dann noch etwas Laub darüber. So können sich Igel, Erdkröten, Blindschleichen, Ringelnattern, aber auch Eidechsen und Spitzmäuse oder eben Mauswiesel im Winter verkriechen. Sobald es warm genug ist, fangen sie auch sofort wieder an, Schädlinge zu vertilgen!

Totholzhaufen

Nützling – Eidechse

Steinpyramide aus dem Cum Natura Gemeinschaftsgarten bei Aldersbach.

DIE STEINHAUFEN ODER STEINPYRAMIDEN

Die Hohlräume zwischen Steinen werden auch ganz oft von Eidechsen benutzt. Besonders die Aufstapelung zu Pyramiden mit einem schönen Spruch dazu verleiht dem Garten ein sehr dekoratives Element. Südwärts von so einer Pyramide kann dann natürlich noch bepflanzt werden und die Wärmeabstrahlung der Steine selbstverständlich auch für gute Ernten bzw. empfindliche Pflanzen genutzt werden.

DIE WURMFARM

Das Kaltkompostierverfahren. Hier kommt immer nur eine dünne Schicht organisches Material, sprich Küchenabfälle inkl. Kaffeesatz und Teebeutel, gerne auch benutztes Küchenkrepp, Schalen, außer Zitrusfrüchte etc. mit hinein. Es ist ein geschlossenes System, kein so offenes, wie bei der bekannten Kompostierung. Innerhalb eines Kastens mit Wasserablass leben die Würmer. In einer Standard-Stapelkiste, 40 x 60 cm, können die Tiere wunderbar leben. Am besten noch zusätzlich auf einen Möbelroller stellen und den Boden lochen, so dass überschüssiges Wasser aufgesammelt werden kann. Ist die Kiste voll, kann die nächste aufgesetzt werden, und die Tiere werden hoch gefüttert. Nach einer gewissen Zeit ist die untere Kiste so gut wie wurmfrei und die Wurmerde kann entnommen werden. So eine Wurmfarm kann ruhig innerhalb eines Raumes stehen. Sie riecht nicht und die Gesellen darin verhalten sich auch sehr ruhig! Bei

Würmer in Wurmfarm einbringen.

Zimmertemperatur können sie eben auch wunderbar arbeiten! Unterhalb 15 Grad stellen sie weitestgehend ihre Arbeit ein. Dies tun übrigens auch die Mikroorganismen, die in den Komposthaufen für die Verrottung zuständig sind.
Die Wurmerde kann entweder pur, am besten für Topfkulturen, verwendet werden, dazu einfach aufstreuen! Oder wir bereiten uns einen Wasserauszug an und sprühen sie als Blattdünger aus. Die Zubereitung so einer Düngerspritzlauge ist denkbar einfach und trotzdem sollte einiges beachtet werden. In eine weithalsige Milchflasche reine Wurmerde zu ungefähr einem Drittel einfüllen. Mit Wasser auffüllen und dann ca. 20 Min. richtig durchschütteln. So lösen sich die ganzen Huminstoffe und Mineralien aus der Wurmerde. Dann durch einen Kaffeefilter filtern, um alle Grobteile herauszubekommen! Die verbliebene Flüssigkeit in eine 5-Liter-Rückenspritze füllen und mit Wasser auffüllen. Am besten morgens bereits auf die Blätter sprühen zur Pflanzenstärkung. Dies ist Futter für die Mikroorganismen.

DER KOMPOST

Als Selbstversorgergärtner braucht man immer wieder Erde! Diese soll fruchtbar sein, damit auch etwas wächst. Von daher ist die Kompostierarbeit fast unerlässlich! Wir unterscheiden zwischen zwei Kompostvarianten!

DER INTENSIVKOMPOST

Dieser ist mit steter Arbeit verbunden, dafür in ungefähr 6 Wochen fertig! Es ist quasi die Variante für Eilige! Für den Intensivkompost brauchen wir lauter frische Organik! Also Grasschnitt, grob und/oder fein, frische grüne Häcksel von z. B. Weide, Hartriegel, Obstbäumen (Sommerschnitt), Heckenschnitt (keine Thuje), Gesteinsmehl, Kohle, frischen Mist von Kuh oder Pferd. Auch fertige Komposterde zum Beimpfen wäre gut. Kegelförmig aufgestapelt, wird der Haufen erst mal beim Aufheizen beobachtet. Auf um die 60 Grad sollte er gebracht werden. Danach, nach ca. 4–5 Tagen, beginnt

Würmer in Wurmfarm.

Intensivkompost frisch aufgesetzt.

Wurmfutter

Intensivkompost Kompostthermometer.

Intensivkompost beim Wenden.

die Arbeit. Dazu wird eine Mistkralle benötigt und der Haufen alle 1–2 Tage bewegt. Die schnell zerfallende Organik wird einfach mit der Mistkralle von A nach B und am nächsten Tag wieder von B nach A gezogen. Dadurch, dass durch diese Variante genug Sauerstoff mit dazukommt, vererdet das Ganze natürlich sehr schnell. Nach ca. 6 Wochen ist er zu verwenden. Dazu einfach oberflächlich auf die Erde auftragen und nur leicht oberflächlich einarbeiten.

Extensivkompost im Cum Natura Gemeinschaftsgarten bei Aldersbach.

DER EXTENSIVKOMPOST

Diesen werden wohl die allermeisten im Garten stehen haben. Drei Boxen, egal ob mit Holz, Metall usw. eingefasst. Meist werden einfach alle Grünabfälle daraufgeschmissen, doch ein richtiger Extensivkompost sieht anders aus! Ein sauberer Kompost wird geschichtet! Immer vom Groben ins Feine und wieder vom Groben ins Feine. Also Häckselmaterial, Laub, Grasschnitt, Küchenabfälle, Gesteinsmehle und Asche (nur falls sowieso vorhanden), etwas fertige Komposterde zum Beimpfen und wieder von vorne, bis eine hochbeetähnliche Miete entstanden ist. Und einmal im Jahr wird das Ganze gewendet, bis es im dritten Jahr fertig ist zur Verwendung. Ist Komposterde nicht richtig ausgereift, kann sie Pflanzen verbrennen. Deshalb ruhig mal daran riechen! Fertige Komposterde riecht nach Walderde! Natürlich verrottet das einfach auf einen Haufen Geschmissene ähnlich. Jedoch sollte immer darauf geachtet werden, dass die Schichten nie zu dick sind. Entsteht Geruch oder wird die Oberfläche matschig, aufgrund zu vieler Gemüseabfälle, sammeln sich Fliegen, dann bitte immer mit Gesteinsmehlen abtrocknen, bzw. die Schichten dünner auftragen oder in der Zwischenzeit Reste woanders zwischenlagern. Wahrscheinlich brauche ich nicht erwähnen, dass Gekochtes oder Fleischreste auf einem Kompost nichts verloren haben! Keiner möchte einen Komposthaufen haben, der zum Rattenmagnet wird! Wer also Speisereste sinnvoll entsorgen möchte, der sollte sich Hühner anschaffen oder sie zu einem Hühnerhalter bringen.

Kräuterspirale

WOHIN MIT DEN KRÄUTERN?

DIE KRÄUTERSPIRALE

Stets sollten die Küchenkräuter so nah wie möglich am Haus stehen. Der Weg von der Küche zu den Kräutern sollte so kurz wie möglich sein! Warum? Weil sie sonst nur zur Deko da sind und nicht verwendet werden. Dafür haben wir sie aber nicht. Die Kräuter können natürlich in Töpfen oder Balkonkistchen genauso gut wachsen, auch Mischtöpfe mit der Sortierung von humusliebenden Kräutern wie z. B. Schnittlauch, Winterheckezwiebel, Basilikum, Petersilie und Pimpinelle sind genauso möglich wie ein größerer Topf mit Kiesel-Sand-Gemisch für die mediterranen Pflanzen, wie z. B.: Rosmarin, Thymian, Salbei, Majoran, Oregano usw. Für Pfefferminze würde ich von Haus aus größere Töpfe empfehlen, außer sie können in den Obstgarten in die Baumscheiben gepflanzt werden, wo sie ungestört wuchern dürfen. In einem Kräuterbeet würde ich sie nicht empfehlen, zu schnell ist alles überwuchert.

Wer jetzt aber also doch eine dekorative Kräuterspirale haben möchte, der sollte sich erst einmal darüber klar werden, wie viele Arten denn verwendet werden sollen und wie viel Platz dafür einberechnet werden sollte. Auch das Baumaterial sollte bekannt sein. Von Holz über Stein oder eine Recyclingmauer aus Mischmaterialien, alles ist möglich. Auch hier können Dachziegel verwendet werden! Erst einmal sehen, was da ist, regionale Ressourcen nutzen, das ist die Devise.

Die Kräuterspirale hat, ebenso wie unser Grundstück, Zonen. Und zwar vier an der Zahl. Im Süden beginnt der Feuchtbereich, ein kleiner Teich, der für die wasserliebenden Pflanzen da ist, ebenso aber ein kleines Biotop und eine Vogeltränke darstellt. Danach kommt der humose Bereich, die normale Gartenerde, und oben ist es nur noch steinig – mediterran. Eine Bergkiesfüllung wäre hier sinnvoll.

Kräuterspirale

Hier einmal eine Auflistung von möglichen Kräutern für die entsprechenden Bodenzonen:

Wasserpflanzen und Teichrandpflanzen:
Kalmus, Brunnenkresse, Wasserlinsen, Bachbunge, Wasserminze, Sedanina, Berle, Sumpfschafgarbe, Mädesüß

Humusliebende Kräuter:
Petersilie, Schnittlauch, Winterheckezwiebel, Sauerampfer, Blutampfer, Schildampfer, Pimpinelle, Basilikum, Küchenkresse

Kräuter, denen normale Gartenerde genügt:
Melisse, Eberraute, Weinraute, Bohnenkräuter, Baldrian, Indianernessel, Eibisch, Eberraute, Gewürzfenchel, Currykraut, Olivenkraut, Ysop, kleiner Frauenmantel, ausdauernde Kresse

Kräuter, die es karg mögen:
Bergminze, Majoran, Oregano, Thymian, Salbei, Rosmarin, Lavendel, Bergminze, Blutwurz, Johanniskraut

Nicht in eine Kräuterspirale sollten:

- Wermut, er verdrängt gerne andere Pflanzen und ist am sinnvollsten bei Johannisbeeren untergebracht
- Liebstöckel (Maggikraut), es wird einfach zu groß für die Kräuterspirale
- Pfefferminzen, sie vermehren sich einfach zu stark und verdrängen dabei kleinere Kräuterarten; sie sind in Baumscheiben im Obstgarten am besten untergebracht, oder in größeren Töpfen

Sommerküche: Lehmbackofen mit Sitzgelegenheiten.

Sommerküche: Lehmbackofen.

Solardörrer innen.

Solardörrer.

DIE SOMMERKÜCHE

Den Sommer genießen, in vollen Zügen, mit Freunden draußen beisammensitzen und nebenbei in der Gemeinschaft Fladenbrote formen und für Pizza belegen und ab in den Lehmbackofen. Genau so geht Sommer genießen. Geschmacklich wirklich genial werden auch Brote in so einem kleinen, relativ einfach gebauten Ofen. Natürlich sollten immer die regionalen Vorschriften beachtet werden, auch eine einfache Lagerfeuerstelle hat ihren Reiz, und dann einfach mit einem Dutch Oven (gusseiserner Topf mit Deckel, der in die Glut gestellt wird) kochen. Darüber kann man sich jedenfalls einig sein, mit offenem Feuer gibt es ein noch größeres Geschmackserlebnis!

EIN SOLARDÖRRER

Ohne Fremdenergie Kräuter, Beeren, Pilze usw. haltbar machen. Toll, oder? Ein Solardörrer verstärkt die Sonnenenergie und lässt das volle Aroma drinnen. Ein Traum. Zweierlei Modelle gibt es, wobei man das Einfachste, den „mobilen Solardörrer“, mit dem man sogar zur Arbeit fahren kann, nicht vergessen darf. Das eigene Auto nämlich wirkt wie ein Tunnelsolardörrer. Backbleche mit Dörrgut von Gemüse und Obst einfach vorne unter die Windschutzscheibe stellen. Allerdings bitte die Fenster einen Spalt offen lassen, damit die Feuchtigkeit entweichen kann. Mehrfach nutzen! Der Solardörrer bei mir im Mienbacher Waldgarten hat einen Sonnenkollektor vorne zur Sonne hin gewandt. Dieser Kollektor ist im Endeffekt wie ein Wachsschmelzer aufgebaut. Ein langer Kasten mit schwarzem Untergrund und darüber Glasscheiben. Unten natürlich offen fließt die Luft hinein und erwärmt sich sehr schnell drinnen. Warme Luft steigt ja bekanntlich nach oben. Sie fließt also in den Dörrkasten hinein, wo auf Gittern bereits die Kräuter, die Pilze usw. ausliegen. Innerhalb ein bis zwei Tagen ist das Trockengut fertig. Dann können die getrockneten Sachen abgefüllt werden. Teemischungen zum Beispiel werden direkt gemischt gesammelt und dann so gemischt gleich abgefüllt.

Ein Tunnensolardörrer nutzt den Gewächshauseffekt. Im Endeffekt ein Kasten, ähnlich dem Sonnenkollektor, nur größer und zum Öffnen. Bei einem Tunnelsolardörrer ist es wichtig, die feuchte Luft hinauszubringen. Ein kleiner Lüfter, der über eine Solarzelle angetrieben wird, bringt hier Abhilfe. So kann kein Kondenswasser auf das Trockengut fallen.

Komposttoilette, immer noch nicht ganz fertig, aber funktionstüchtig.

DIE KOMPOSTTOILETTE UND AUTOMATISCHE HERSTELLUNG VON TERRA PRETA

Keine Angst! Wir kehren mit diesem Thema nicht der Zivilisation den Rücken, eher im Gegenteil! Die Komposttoilette, eher als Trocken-Trenn-Toilette zu bezeichnen, ist nämlich eine hygienische, saubere Sache, die auch nicht riecht. Der Urin wird automatisch weggeleitet und in einem separaten Kanister aufgefangen, wo er regelmäßig ausgeleert wieder direkt zu Düngezwecken, 1:1 mit Wasser vermischt, verwendet werden kann. Besonders Kübelpflanzen, wie Tomaten, Paprika, Chili und dergleichen, sind sehr dankbar dafür! Oder man leitet den Urin in einen Kübel mit Kohle. Bis der Kübel voll ist, was stets beobachtet werden sollte, kann sich die Kohle richtig voll saugen mit dem

Komposttoilette: Kohle-Gesteinsmehlgemisch zum Abtrocknen der Feststoffe.

wertvollen Düngestoff und ist dann wieder im Gartenkreislauf zu verwenden. Einfach oberflächlich die Kohle bis ca. 10 cm Tiefe leicht einarbeiten.

Bei den Feststoffen sollten wir schon einen größeren Kübel verwenden und nach jeder Verwendung gut mit einem Gemisch aus Kohle, Sägespänen oder Häcksel mit Gesteinsmehlen abtrocknen. Natürlich kann ohne Weiteres Toilettenpapier mitverwendet werden. Verwendet man ein geschlossenes System, können Würmer direkt eingesetzt werden, und über eine Klappe können dann die erdisierten Feststoffe entnommen werden und direkt als Wurmhumus mitverwendet werden. Arbeitet man mit festen Kübeln bei den Feststoffen, können diese, sobald sie voll sind und regelmäßig mit dem Kohle-Gemisch abgetrocknet wurden, in eine Wurmfarm mit eingebracht werden. Dort arbeiten dann diese alles in wertvolle Wurmerde um, und wir können diesen Super-Booster für unsere Pflanzen nach Bedarf wieder entnehmen.

In einer Volks-Enzyklopädie von 1912 in Russland konnte man über menschliche Ausscheidungen nachlesen: „Der Düngewert des Menschen-Goldes ist acht bis zehn Mal höher als jener vom Mist. Es wird vor allem dort eingesetzt, wo die Kulturen so anspruchsvoll sind, dass ein erhöhter Einsatz von Düngemitteln erforderlich ist.“ (Entnommen dem Buch von Nikolay Kurdyumov: „Clever gärtnern leicht gemacht, Selbstversorgung, Permakultur,“ erschienen im OLV Verlag.)

Das Einbringen in den Garten sollte aber nur erfolgen, wenn die Besitzer und Besucher der Komposttoilette gesund sind und keine Medikamente einnehmen, wie z. B. Blutverdünner, Antibiotika, Hormone und Diverses. Die Rückstände würden nämlich im Boden erhalten bleiben und über die Pflanzen wieder zu uns kommen. Das möchten wir aber nicht. Aber wenn wir uns stetig von unserem Garten ernähren, bekommen wir auch einen gesunden Körper und können den Kreislauf, unseren eigenen Lebenskreislauf, im Garten nutzen.

Doch nicht jeder kann gleich eine Komposttoilette in seinen Garten stellen. Von daher wäre alleine schon das Sammeln und Verwenden von Urin, dem flüssigen Gold, empfehlenswert. Und wenn es nur darum geht, Kohle zur Herstellung von Terra Preta zu aktivieren!

HÜHNERTRAKTOR, SCHWEINETRAKTOR, HASENMÄHER

Wenn wir schon Tiere halten, dann sollen die gefälligst auch was tun für ihr Futter! Lustiger Ansatz, oder? Aber wirklich, warum nicht die Fähigkeiten unserer Tiere für den Garten nutzen? Na gut, Schweine wären im kleinen Gartenbereich wahrscheinlich etwas übertrieben, für den landwirtschaftlichen Einsatz aber durchaus effektiv! Und zwar zum Bodenbereinigen, Säubern vor unerwünschten Wurzeln und Aufwuchs. Das können diese Erdwühler nämlich wirklich wunderbar!

Für den Hausgarten sind dann wohl eher Hühner die richtige Entscheidung. Mit einem versetzbaren Gehege mit integriertem Stall können sie entweder als Rasendünger oder als

Hühnertraktor

Schweinetraktor

Versetzbares Hühnergehege klein.

Beetsäuberer oder als Beeterschaffer eingesetzt werden. Je nachdem.

Lässt man diese kommunikativen Scharrer so lange auf einem Platz, bis nichts mehr wächst, kann, nachdem die Hühner versetzt wurden und der Boden mit getrocknetem Rasenschnitt abgemulcht wurde, wieder Gemüse angebaut werden. Ohne Umgraben, ohne Lockern. Das Lockern übernimmt der Wurm, dieser arbeitet nämlich sehr gerne dort, wo Hühnerkot anzutreffen ist und die Erde noch dazu mit Organik abgedeckt wurde. Nach Versetzen des Geheges sollte deswegen noch ungefähr 2 Wochen gewartet werden, bis die Würmer ihre Arbeit getan haben. Dann einfach Jungpflanzen setzen. Natürlich sollte auch weiterhin gemulcht werden, damit es keinen Beikräuteraufwuchs gibt und die Würmer weiterhin Nahrung finden.

Auch zum Nacharbeiten auf abgeernteten Beeten ist das Federvieh einzusetzen. Sie scharren Larven, Engerlinge, Drahtwürmer, Beikräuter und Sonstiges aus dem Boden, picken zusätzlich Beikrautsamen ab, lockern oberflächlich den Boden und düngen noch dazu! Wir dürfen dann danach einfach nur wieder mit einem Rechen den Boden einebnen und schon kann die nächste Kultur eingesät oder gepflanzt werden.

TIPP: FÜR DEN HASENMÄHER SIND HAUPTSÄCHLICH MÄNNLICHE TIERE ZU EMPFEHLEN, DA DIE WEIBLICHEN SICH GERNE UNTEN DURCHGRABEN!

Ein Rasenmähroboter in beschränktem Einsatz, aus Kaninchen bestehend, würde dann als Hasenmäher durchgehen, oder? Auch mit Meerschweinchen funktioniert dies sehr gut! Einfach einen überdachten Freilauf bauen mit integriertem Unterschlupf und schon können die Tiere grasen und düngen. Früher wurde ich des Öfteren von Verwandten gefragt, wie ich denn meinen Rasen rund ums Haus dünge, weil er so saftig und fett dasteht, ohne Beikräuter. Dabei sind einfach nur die Tiere, vom Huhn bis zum Kaninchen, ebenso die Laufenten, darauf im Einsatz gewesen. Das war alles. Der Rasen profitiert ungemein davon! Wir müssen nicht mehr so viel mähen, die Tiere sind gesünder und der Garten wird interessanter durch den Einsatz unserer Nutztiere.

DER BALKONGARTEN

Wie im Großen, so im Kleinen. Ein ganzer Permakulturgarten nur auf dem Balkon? Doch, das geht! Bis zur Wildniszone! Okay, die Streuobstwiese lassen wir weg, aber nicht den Waldgartenbereich!
Intensivgemüse kann in Mischkultur, ebenso wie die Küchen-Kräuter, in Balkonkästen angebaut werden. Zwergobst und Beeren in größeren Kübeln, dazu die Teekräuter mit dazugepflanzt. Die Wurmfarm als Kompostoption im überschatteten versteckteren Bereich, ein Stuhl und Tischchen zum Genießen des

Balkongarten: Topfkulturen.

Balkongarten Topfmischkulturen

verschiedene Salatbäume

kleinen Paradieses, und die seitlichen Bereiche werden für den vertikalen Anbau von Grünzeug, wie Salate, Rucola, Spinat, Asiasalat usw. genutzt. Balkontomaten und Paprika können in Kübeln im hinteren Bereich des Balkons, ruhig zusammen mit Bohnen, gepflanzt werden. Mörtelwannen oder große Eimer eignen sich hervorragend hierfür. Auch Ampeln können zum Einsatz kommen. Salatsack oder Kopf-über-Tomaten, hier steht der Kreativität nichts im Wege!

→ Salatbaum oder Salatsack, je nach Platz einsetzbar

Ein optimales Element für den platzsparenden Anbau. Dazu einfach ein großer Topf, ein, wenn vorhanden, Kunststoff-KG-Rohr, oder ökologischer 8 Bretter, entsprechende Winkel und Verbindungen, ein Lochbohrer mit ca. 8 cm Durchmesser und für das Gießrohr innen entweder ein Papprohr oder ein Kunststoff-HT-Rohr aus dem Baumarkt, das von oben bis unten mit einem Bohrer gelocht wurde. Ist also der äußere Rahmen zusammengeschraubt und mit Pflanzlöchern versehen, stecken wir das Gießrohr aus Pappe oder Kunststoff in die Mitte und füllen den Zwischenraum mit guter Erde und ökologisch-mineralischem Dünger, wie z. B. Hornspänen als Langzeitdünger, mit auf. Das Gießrohr füllen wir mit Kiesel, so dass das Gießwasser gut durchsickern kann. Die Jungpflanzen von Salat, Kohlrabi, Mangold usw. drücken wir in das Pflanzloch, doch nur so weit, dass es beim Ernten keines chirurgischen Eingriffes bedarf! Die Erde sollte vor dem Pflanzen bereits gut angegossen sein, damit nicht mehr so viel nachsitzen kann, sonst zieht es die Jungpflanzen mit nach unten. Durch die Reflektion der Hauswand gibt es beim Salatbaum meist auch keine „Rückseite“ oder „Nordseite“. Alles wird rundherum schön beleuchtet und kann deshalb sehr gut wachsen. Durch den Wuchs nach oben sind hauptsächlich Pflücksalate zu empfehlen, denn Kopfsalate können dadurch sehr schnell auswachsen. Solche Salatbäume eignen sich jedoch auch wunderbar für Kräuter und Erdbeeren! Einfach mal ausprobieren!

Der Salatsack ist noch einfacher umzusetzen. Dazu einfach einen Kunststoffgewebesack mit einem Fassungsvermögen von vielleicht höchstens 5 Litern nehmen. Mit Komposterde befüllen. Einen Trichter vorbereiten mit einem Gartenschlauchstück, das vom Trichter bis zur Mitte des Erdballens reicht. Diesen auch einfach ab der Hälfte mit einem heißen Nagel lochen. Den Sack mit dem Trichter und Schlauchverlängerung oben zubinden. Für die Pflanzlöcher kleine Kreuze mit der Schere einschneiden, so groß, dass der Pflanzballen der Jungpflanzen gerade hineinpasst. Mit einem Draht außen rundherum „vernähen“, damit das Kunststoffgewebe nicht weiter ausreißt. Fertig ist der Salatsack. Wird dieser einmal zu gießen vergessen, dann einfach abnehmen und in einen Wasserkübel tauchen, bis er wieder voll geblubbert ist. Wunderbar, um ihn ans Balkongeländer zu hängen!

WALDGARTEN IM KÜBEL

Mittlerweile gibt es im Handel herrliche Obstsorten als Zwergbäumchen zu kaufen. Diese eignen sich wunderbar für den Balkon, da sie dauerhaft im Kübel zu halten sind. Trotzdem sollte dieser nicht unter 30 Liter Fassungsvermögen haben! Auch hier ist es sinnvoll, Hornspäne als Langzeitdünger zuzuführen, direkt bei der Pflanzung. Auch späteres Nachdüngen mit Urin fördert die Fruchtbarkeit. Der freie Bodenraum unter dem Bäumchen kann genutzt werden für eine Baumscheibenbepflanzung. Geeignete Pflanzen dafür wären für den Topf: Minzen, Kapuzinerkresse, 1–2 Blühstauden nach Belieben und als Insektenweide, Zitronenmelisse oder Erdbeeren. Mit Beerensträuchern kann ebenso verfahren werden, jedoch sollte auf die Wuchsform geachtet werden. Manche Beeren gibt es auch als Hochstämmchen, wie Stachelbeeren oder Johannisbeeren. Auf die Endgröße sollte geachtet werden, da wir ja auch noch Platz auf dem Balkon genießen möchten.

VERTIKALER GEMÜSEANBAU

Die Seitenränder des Balkons sind meist ungenutzt oder sowieso mit einem Sichtschutz versehen. Dieser Sichtschutz kann mit einer Stellage und Balkonkästen ersetzt werden. Auch Paletten, die hinten mit einer Rückwand versehen sind und mit Erde befüllt, können hier als Anbaufläche dienen. Unbedingt sollte bei dieser Art des Anbaus an das überschüssige

vertikales gärtnern

Weinreben an der Hauswand

Wasser gedacht werden, das nach dem Gießen vom Balkon tropft. Man möchte es sich ja nicht mit dem unteren Nachbarn verscherzen! Deshalb rechtzeitig an eine Auffangoption denken!

STAPELGARTEN

Einfache Holzkisten, entweder Weinkisten oder einfache Apfelkisten können gegeneinander gestapelt als Pflanzturm dienen. Entweder für Kartoffeln, aber auch für alles weitere Gemüse. Einfach innen mit einer Folie auslegen und mit Erde befüllen. Hier kann wirklich mit jeglicher Art von Gemüse gearbeitet werden, sogar mit Zucchini, die wirklich genug Erde und Dünger beansprucht! Auch als Kartoffelturm ist diese Variante des Kistenturmes gut denkbar! Hierbei kann auch jede Menge Küchenabfall mit unter die Erde gemischt werden! Nach dem Ernten der Kartoffeln steht der Turm natürlich noch für alle anderen Herbstkulturen zur Verfügung.

ALLES AUF KLEINSTEM RAUM – URBANES GÄRTNERN

Oft steht allerdings nur ein kleiner Garten zur Verfügung! Hier können aber schon mal alle Elemente vom Balkongarten mit eingesetzt werden. Es geht aber noch einiges mehr!
Wie zum Beispiel:

- Eine Kupferpyramide, die durch ihre Beschaffenheit und ihre Ausrichtung eine optimale Pflanzen-„Schwingung“ erzeugt, so dass es zu einem erhöhten Ertrag kommt. Gerade auf kleinem Raum sollten wir solche Elemente in Betracht ziehen! Der Erfolg ist bewiesen und erprobt und auch ich habe es ausgetestet im Waldgarten. Dazu einfach Kupferwasserrohre aus dem Baustoffhandel verwenden und eine Pyramide im Winkel der Pyramide von Gizeh, also im 45°-Winkel, bauen. Eine genaue Anleitung inkl. Pyramidenrechner ist auf der Seite der Familie Wüst zu finden auf www.agnikultur.de.
- Ein Kartoffelturm aus größeren Holzrahmen, die quer überschneidend aufeinander gestapelt sind, nach oben hin immer kleiner werdend, hat auch eine sehr dekorative Wirkung und der Ertrag wird jeden erfreuen!

- Anstatt eines großen Obstbaumes können Spalierbäume oder Buschbaumveredelungen gepflanzt werden. Das erhöht die Vielfalt und der Schattenwurf wird minimiert.
- Schichten und stapeln, das betrifft kleine Gärten noch mehr als größere. Den Raum unter den Bäumen voll ausnutzen, mit Teekräutern und Wildgemüse.
- Hügelbeete, wenn möglich von Nord nach Süd ausgerichtet, verdoppeln die Anbaufläche!
- Geschützte Hauswände für Tomaten und weiteres empfindliches Gemüse in Kübeln oder Mörtelwannen nutzen.

Generell sind kleine Gärten um ein wesentliches produktiver als große Gärten und zwar bis zu 12 mal! Warum? Weil die Aufmerksamkeit intensiver ist. Freie Plätze werden sofort neu genutzt, das Gießen und Schnecken werden weniger übersehen, das Mikroklima ist meist durch die vielfältige Bepflanzung und den engen Raum besser. Achten sollte man bei kleinen Gärten stets auf die Lichtverhältnisse! Zu wenig Licht mindert Ernteerfolge. Verbrauchte Erde aus Kübeln kann mit Zugabe von Organik und Wurmerde wieder aufgepeppt werden. Am besten Laub und Rasenschnitt aus den Nachbargärten erbetteln, wenn man mehr Erde produzieren möchte. Schließlich sind die anderen froh, es los zu haben! Besonders im kleinen Garten sollten die Nützlinge nicht vergessen werden. Auch hier sollte die zusammengerechnete Wildniszonen-Fläche, sprich: ökologischer Lebensraum, ein Viertel der Gesamtfläche ausmachen. Dazu gezählt werden kann jede Hecke, jedes Vogelhäuschen, Insektenhotel, Totholzhaufen, Wildbienenbrutmöglichkeiten, Vogelnährgehölz, Natursteinmäuerchen, Dachziegelaufstapelung, Steinpyramide usw.

DER DACHGARTEN

Gerade im Siedlungsraum ist jede Fläche wertvoll! Gemeinschaftsgärten und Ämter machen es bereits vor, wie z. B. Sparkasse und Landratsamt in Bad Homburg mit ihren Pausengärten auf dem Flachdach. Auch die Uni für Bodenkunde in Wien trägt so einen Garten. Paris und Barcelona ziehen hier absolut nach, was grüne Anbauflächen auf Flachdächern betrifft. Ein schöner Teil der Versorgung der Bevölkerung kann auf solchen Flachdächern gewährleistet werden. Oft sieht man auch bei uns so ungenutzte Flachdächer, wie z. B. Garagendächer. Auch Anbauten können evtl. statisch so geplant werden, dass sie mit Hochbeeten bestückt werden können. Natürlich sollte dieses zusätzliche Gewicht mit eingeplant werden, jedoch ist dies oft das kleinste Problem! Es gibt Erdmischungen, die mit Blähtonkügelchen versehen sind und deswegen leichter sind als normale Erden. Diese können natürlich auch für unser Gemüse Verwendung finden. Nur die Organik darf trotzdem nicht fehlen. Dieser Blähton eignet sich noch dazu als Wasserspeicher in solchen Hochbeeten und wird von den Pflanzen gerne angenommen! Also, nutzt eure Flachdächer, ob für Gemüse oder Bienen, hier ist sehr viel möglich!

EIN HIMMELSTEICH

Jeder Garten sollte irgendwo Wasser haben. Als Tränke für Bienen, Insekten, Vögel, Igel und dergleichen. Aber auch um Wasserlebewesen zu beherbergen. In der Wassertonne zum Beispiel sammeln sich immer jede Menge Mückenlarven, aber kein Vogel und selten ein Insekt kann daraus trinken. Ein kleiner Teich entwickelt sein eigenes Mückenabwehrsystem! Mit Libellenlarven und weiteren larvenfressenden

Himmelsteich, Miniteich im Holzzuber mit Wasserlinsen.

Räubern. In einem Naturteich haben Fische nichts verloren. Es ist also eine Entscheidungssache, ob im Teich Vielfalt oder eben Fische herrschen sollen. Ein ordentlicher Pflanzenbewuchs im Teich verhindert, dass Bienen und weitere Insekten ertrinken. An den Pflanzenteilen können sie sich festhalten und ihren Durst stillen. Deshalb sollten anfangs in jeden Teich Aststücke gelegt werden, damit sich verunglückte Tiere selbst retten können, denn auch Eidechsen und Mäuse haben Durst und plumpsen auch mal gerne in größere Wasserflächen hinein.

Wassertonnen dagegen sollten mit Deckeln versehen sein, damit es kein Mückendesaster geben kann. Auch andere Tiere können damit geschützt werden. Einmal durfte ich einen Grasfrosch aus der Tonne retten, von selbst wäre er wohl nicht mehr herausgekommen!

Ist kein Platz für einen Teich, so kann auch ein Zuber oder eine winterharte Keramikschale wertvolle Dienste leisten und zu einem kleinen Miniteich ausgebaut werden. Solche Miniteiche eignen sich vor allen Dingen auch für Dachkulturen oder Balkon- und Terrassenkulturen. Kleinere Wasserschalen müssen täglich betreut und aufgefüllt werden!

Himmelsteich, mit Wasserlinsen zugewachsen.

DAS WALDGARTEN-PRINZIP

Die Idee, einen Wald im Garten zu haben, werden wohl einige mit gemischten Gefühlen betrachten. Da kann ich aber alle beruhigen, denn mit einem Waldgarten ist kein ursprünglicher Wald mit Großbäumen, Fichten und Tannen gemeint, sondern ein kleiner Obst-Wald, der je nach Gartengröße mit höheren bis nicht so hohen Obstbäumen bestückt ist. Ein Obst-Wald ist damit gemeint und der englische Ausdruck „Food Forest" betitelt diese Gartenart am allerbesten. Ein kleiner Wald mit lauter essbaren Früchten. Kulturobst wie Wildobst, Beeren, (Wild-)Gemüse und Kräuter. Und das alles schön geschichtet und gestapelt. So wie eine Streuobstwiese nur 2 Stockwerke kennt und unser natürlich gewachsener Wald draußen 5 Stockwerke, so kennt unser permakultureller Waldgarten bis zu 7 Stockwerke!
Beginnen wir unten:

1. STOCK: DIE WURZELN

Essbare Wurzeln und Wurzeln, die wir für die Hausapotheke verwenden können. Meist Pfahlwurzeln, die das Wasser und Nährstoffe von unteren Erdbereichen weiter nach oben befördern, so dass alle etwas davon haben, innerhalb des Bodennetzwerkes der Stockwerke. Diese Wurzelpflanzen können sein: Beinwell, Meerrettich, Schwarzwurzel, Haferwurzel, große und kleine Klette.

2. STOCK: DIE BODENDECKER

Erdreichbeschattende, meist kleinwüchsige Stauden wie Erdbeeren, Immergrün, Goldnessel, im Frühling Bärlauch, Gundermann, Vogelmiere und Giersch.

2. Stock: Erdbeeren als Bodendecker in der Baumscheibe.

1. Stock: Beinwell als Wurzelpflanze in der Baumscheibe.

Waldgarten

3. Stock: Baldrian, ideale Baumscheibenpflanze.

5. Stock: Holunder nordseitig vom Obstbaum gepflanzt oder als Klimaschutzhecke.

4. Stock: Himbeeren.

3. STOCK: DIE KRÄUTER

Mit ihren ätherischen Ölen, die nach oben steigen, können sie ganze Bäume frei von Schädlingen halten. Eine tolle Sache. Und wir können sie als Teekräuter, als essbare Blüten, für Hydrolate und Weiteres für die Hausapotheke nutzen. Als Beispiele seien hier genannt: Salbei, Minzen, Thymian, Kapuzinerkresse, ausdauernde Kresse, Indianernessel, Taglilien, Yssop, Agastache (Anis-Ysop), Eberraute, Baldrian, Eibisch usw.

4. STOCK: DIE BEERENSTRÄUCHER

Sie gehören direkt in die Tropfzone gepflanzt. Die Tropfzone ist der Bereich, an dem der Baum seinen äußeren Rand hat und vermehrt Regenwasser die Blätter entlang herunterläuft. Natürlich sollte bei einer Neuanpflanzung die spätere Tropfzone bedacht werden! Geeignete Beeren wären: Johannisbeeren in verschiedenen Farben und Reifezeiten, Stachelbeeren, Maibeeren in mind. 2 versch. Sorten, Jostabeeren, auch Himbeeren eignen sich dazu.

5. STOCK: GROSSSTRÄUCHER, WILDOBST

Diese Sträucher, die über die Beerensträucher hinausragen, können im Nordbereich des Baumes stehen. Der Abstand sollte groß genug sein bzw. über die spätere Tropfzone um einiges hinausschauen. Diese Großsträucher dienen dem Obstbaum gleichzeitig als Sonnenfalle und Schutz von Norden her. In Frage kämen für diese Aufgabe: Holunder, Kornelkirsche, Ölweide, Felsenbirne, Aroniabeeren, Wildrose (kleiner wachsende wie Hechtrose, Bibernellrose, Kartoffelrose, Apothekerrose, Zimtrose, Alpenheckenrose usw., keine Hundsrosen!).

6. STOCK: DER OBSTBAUM

Meist Halbstamm, es ist aber auch eine Buschveredelung möglich für kleinere Gärten. Je nachdem, wie weit unten die Äste beginnen, kann zum Baum hin gepflanzt werden. Anfangs wird wohl alles genug Sonne bekommen, doch mit zunehmendem Wachstum des Baumes wird immer mehr beschattet. Meist verabschieden sich dann einige Stauden wieder, andere nehmen dafür deren Platz ein. Das ist normal und sollte so angenommen werden. Auch so eine Baumscheibe unterliegt einer gewissen Sukzession.

6. Stock:
Wein im Birnbaum.

Hühner können im Waldgartenbereich scharren.

7. STOCK: DER VERTIKALE BEREICH

So viele Pflanzen haben wir hier nicht zur Auswahl, es ist wohl meist der Wein, der mit seinen Trauben zusätzliche Früchte in den Obstbaum bringt, oder die dornenlose Brombeere, die den Baum als Rankgerüst gerne annimmt. Auch hier haben wir Pfahlwurzeln, die in tiefere Schichten als der Obstbaum vordringen. Allerdings sollte dieses 7. Stockwerk erst gepflanzt werden, wenn der Baum bereits stabil ist und eine gewisse Höhe erreicht hat, so dass er auch als Rankgerüst fungieren kann. Auch sollte es sich stets um schlankere, höhere Bäume wie z. B. Birnen handeln, an deren Stamm genug Sonnenlicht herankommt. Bei einem breitkronigen Apfelbaum macht es wenig Sinn, eine Weintraube an den Stamm zu pflanzen. Es ist dort einfach zu dunkel. Generell ist das Waldgartenprinzip wieder eine Art, Platz zu sparen und wesentlich mehr Vielfalt in den Garten zu bringen. Insgesamt werden diese 7 Stockwerke auch gerne als Obstbaumlebensgemeinschaft oder als Gilden bezeichnet. Eines erhält das andere gesund. Insekten (Nützlinge) werden angelockt durch unterschiedlichste Blüher, der Boden unter dem Baum ist beschattet, so dass er feucht und kühl bleibt. Außerdem muss man nicht mit dem Rasenmäher unter den Baum, das Wurzelwerk wird somit auch nicht betreten (außer zur Erntezeit) und die Erde unter dem Baum ist durch die Arbeit der Würmer aufgelockert. Pflanzen, die man gerade nicht braucht, um als Tee oder Sonstiges verarbeitet zu werden, können regelmäßig runtergeschnitten werden und als Mulchmasse unter dem Baum liegen bleiben. Ideal dafür geeignet ist der Beinwell. Seine kaliumhaltigen Blätter düngen zusätzlich den Boden. Von Vorteil ist es, die Blätter immer woanders zu mulchen, so dass es zu keinem Nährstoffungleichgewicht kommen kann. Wenn dies regelmäßig so gehandhabt wird, dann liegt zur Erntezeit eine schöne weiche Schicht unter dem Baum, so dass Streuobst gut aufgesammelt werden kann. Auch mit einer Leiter zum Pflücken des Obstes kann man locker zwischen Stauden und Bodendecker hinein. Die Beerensträucher stehen sowieso etwas außerhalb.

Während der Wachstumszeit des Obstes muss keiner die Baumscheibe betreten. Es darf also wild wuchern um den Baum herum. Alles, was über die Baumscheiben hinaus auf den Weg wächst, was bei Minzen jederzeit vorkommen kann, kann unbesorgt mit dem Rasenmäher abgemäht werden. Auf die Südseite des Baumes kann natürlich auch Gemüse gepflanzt werden. Starkzehrer sollten allerdings gemieden werden, nicht dass der Baum darunter leiden könnte und im Wachstum eingebremst wird. Dies gilt besonders für junge Bäume! Auch wildes Gemüse, wie ewiger Kohl, Rhabarber, Meerkohl, Grünspargel usw. kann verwendet werden. Kleine Mistgaben oder Zugaben von fertigem Kompost wird das ganze System belohnen.

„WICHTIG INNERHALB EINES WALDGARTENBEREICHES IST DAS WIRTSCHAFTEN MIT DER SONNE.“

Wichtig innerhalb eines Waldgartenbereiches ist das Wirtschaften mit der Sonne. Entwickelt sich so ein Wald auf einem Südhang, wird es hierzu wohl nirgends Probleme geben, es kann sogar dichter gepflanzt werden. An einem Nordhang schaut dies schon anders aus. Doch auch hier ist es möglich. Die Abstände zwischen den Obstbäumen sollten jedoch größer sein, damit das Laub morgens gut abtrocknen kann, sonst könnte es zu einem Blattpilzproblem kommen. Die Endgrößen der Bäume sollten gut bedacht sein. Die Höheren immer weiter nach Norden, die Kleineren nach Süden. So dass es treppenmäßig aufgebaut ist und alles genug Sonne abbekommen kann.

Besitzt man ein Hanggrundstück, sollte über eine Terrassierung dessen nachgedacht werden. Es ist wesentlich angenehmer, auf einer Ebene zu wirtschaften, und Regenwasser bleibt den Pflanzen zur Verfügung und läuft nicht ungenutzt weg. Die Geländekanten können wunderbar für Beerensträucher und Wildobst genutzt werden, im Kleingarten am besten mit einer Natursteinmauer. Diese Geländekanten sind dann wieder optimale Randzonen (Wildniszonen), die Nützlingen Behausungen liefern können. Auch als Wärmespeicher und Windfang können sie optimal fungieren.

Auch innerhalb eines Waldgartens ist es wichtig, ein optimales Mikroklima aufzubauen. Besonders den kalten Wind zu bremsen, ist ein wichtiger Faktor. Deshalb dürfen am Rande des Grundstücks, meist der Ostbereich, auch mal Kulturbäume wachsen, wie z. B. Weide oder Ahorn. Diese können, sobald sie zu viel Licht wegnehmen, einfach auf Stock gesetzt werden. Die Zweige in den Häcksler und wieder unter die Bäume verteilt und die Stämme eventuell für Pilzkulturen genutzt, stellen sie wichtige erneuerbare Ressourcen dar, die wieder den Kreislauf im Gartensystem fördern und ihren Beitrag zum Aufbau guter Erde leisten.

Ist erst einmal ein gutes Kleinklima eingewachsen, so können auch wärmeliebende Obstgehölze wie z. B. Aprikosen, Pfirsiche, Kiwis oder Khakipflaumen angebaut werden. Ist ortsüblich der Spätfrost gefährlich für die Obstblüte, so kann diese hinausgezögert werden, indem bei Bodenfrost die Oberfläche mit Schafwolle gut abgedeckt und gedämmt wird. So kann der Frost länger im Boden bleiben und der Baum treibt später aus. Damit ist die Gefahr vor Erfrierung nicht ganz so hoch. Wärme- und Kältebereiche können bewusst gesteuert werden, durch unsere Art des Pflanzens und durch den Bau von Sonnenfallen oder Steinsetzungen. Selbst Gemüse wächst schneller und besser, umkränzt man es mit Steinen, insbesondere bei Kürbissen und Zucchini ist dies zu beobachten.

Obstblüte im Waldgarten.

Pflanzenauswahl für den Waldgarten:

OBSTBÄUME

- Äpfel
- Birnen
- Pflaumen
- Mirabellen
- Zwetschgen
- Aprikosen
- Pfirsich
- Nashi
- Khakipflaume
- Kirschen
- Baumhasel
- Quitte
- Maulbeere
- Edelkastanie
- Feige
- Indianerbanane

BEERENSTRÄUCHER

- Johannisbeeren
- Jostabeere
- Maibeere
- Stachelbeere
- Thaybeere
- Loganbeere
- Brombeere
- Japanische Weinbeere
- Aronia
- Himbeeren
- Goji
- Cocktailkiwi
- Heidelbeere
- Wein

WILDOBST

- Felsenbirne
- Holunder
- Kornelkirsche
- Mahonie
- Ölweide
- Berberitze
- Bitterorange
- Chin. Blumenhartriegel
- Weißdorn
- Mehlbeere
- Mispel
- Sanddorn
- Scheinquitte
- Schlehe
- Speierling
- Vogelkirsche
- Vogelbeere
- Haselnuss
- Schneeballarten

WILDGEMÜSE

- Baumspinat
- Borretsch
- Brennnessel
- Etagenzwiebel
- Ewiger Kohl
- Jap. Klette
- Guter Heinrich
- Grünspargel
- Haferwurzel
- Hopfen
- Kaukasischer Rankspinat
- Malven
- Meerkohl
- Meerrettich
- Melde
- Rhabarber
- Sauerampfer
- Süßdolde
- Taglilie
- Topinambur
- Wald-Geißbart
- Wegwarte
- Wiese-Bärenklau
- Rucola
- Wildkohl
- Winterheckezwiebel
- Zackenschötchen
- Knollenziest
- Zuckerwurzel
- Lauchscheibenschötchen

KRÄUTER

- Kapuzinerkresse
- Bergbohnenkraut
- Eberraute
- Gewürzfenchel
- Lavendel
- Melisse
- Minzen
- Oregano, Majoran
- Salbei
- Schnittknoblauch
- Schnittlauch
- Schnittsellerie
- Weinraute
- Wermut
- Ysop
- Anis-Ysop
- Balsamkraut
- Indianernessel
- Bergminze
- Eibisch
- Herzgespann
- Königskerze
- Nachtkerze
- Ringelblumen
- Alant
- Beinwell
- Taubnesseln

EINJÄHRIGES UND MEHRJÄHRIGES GEMÜSE UND KRÄUTER IM SELBSTVERSORGERGARTEN

Praktisch ist es natürlich im Selbstversorgergarten, wenn viele Pflanzen mehrjährig stehen, so dass nicht alles immer wieder von Neuem gezogen werden muss. Das erspart sehr viel Arbeit! Natürlich ist es möglich ohne die ganze Anzuchtarbeit im Frühling, so dass man sich rein von den Dauerpflanzen ernähren könnte. Doch seien wir mal ehrlich, ohne Paprika und Tomaten? Ohne Gurken und Zucchini? Ohne Auberginen und Kürbis? Kaum vorstellbar, oder? Deshalb machen wir uns alljährlich ab Februar/ März wieder an die Arbeit!

MIT DEM GEEIGNETEN SAATGUT FÄNGT ALLES AN

Es gibt samenechtes Gemüse und es gibt F1-Hybriden. Der Vorteil von samenechtem Gemüse ist, dass, wenn wir es selbst weiter vermehren möchten, wir dies auch tun können! Bei den F1-Hybriden haben wir die erste Generation zweier verschiedener Elternsorten, die sich bei Nachbau wieder zurückspalten in Vater, Mutter und alle möglichen Variationen dazwischen. Das heißt, die besonderen Qualitäten dieser ersten Zuchtgeneration gehen alle wieder weitestgehend verloren. Wir sind also gezwungen, diese Zuchtsorten bzw. Kreuzungssorten wieder nachzukaufen, sofern sie noch angeboten werden. Wer sagt, mein Garten ist zu klein zur Saatgutzucht, oder wer darauf keine Aufmerksamkeit verschwenden will, der kann natürlich auf F1-Hybriden zurückgreifen. Nur sei gewarnt, dass diese Sorten meist im Süden kultiviert wurden, das heißt, die Klimainformationen in diesen Saaten sind auch nicht die, die wir hier bei uns bräuchten. Wenn dann die Schnecken kommen und die um Hilfe flehenden Pflänzchen, die eigentlich mehr Wärme bräuchten oder mehr Licht, dann wegfressen, dann hängt das eventuell mit der Klimainformation im Saatgut zusammen. Robuster sind

Ausgereifte Gurke zur Samenernte.

Frisch entnommene Gurkensamen, die noch trocknen müssen, daneben Chilisaatgut.

da die Regionalsorten, die sich in unserem Klima bewährt haben. Meist kommen wir an solches Saatgut durch Tausch oder liebe Nachbarn, die gerne ihre Lieblingssorten weitergeben, weil diese einfach gut wachsen und viele Erträge einfahren. Damit wir aber weiterhin stabiles Saatgut ernten können, sollte oft einiges beachtet werden. Zum Beispiel, wie viele Pflanzen man benötigt für eine optimale Befruchtung, oder ob Sorten in der Nähe wachsen, die sich eventuell einkreuzen können. Keiner möchte gerne bittere Zucchini oder Karotten ohne richtige Rübe. Ich brauche also zumindest ein Nachschlagewerk, in dem steht, auf was geachtet werden muss. Oder man wendet sich an erfahrene Saatgutzüchter, wie z. B. ausgebildete Arche Noah Saatguterhalter.

„DER ERHALT UNSERER KULTURSORTEN IST SO IMMENS WICHTIG."

Arche Noah ist ein Verein in Niederösterreich, der sich um den Erhalt unserer wertvollen Regionalsorten bemüht. Auch hier sind bereits Unmengen an Sorten ausgestorben, verloren gegangen. Der Erhalt unserer Kultursorten ist so immens wichtig, da unsere Unabhängigkeit ausdrückt von der großen Industrie, die gerne alles kontrollieren möchte. Außerdem ist diese Sortenvielfalt so dermaßen wunderschön, und es wäre viel zu schade, dies aufgrund von Bequemlichkeit aufzugeben. Früher war die Befruchtung dieser Regionalsorten gesichert, da jeder seinen Hausgarten mit den eigentlich gleichen Sorten in der Nachbarschaft bestückt hatte. Von daher musste nicht so groß darauf geachtet werden wie heute. Schätzungsweise nur noch jeder 5.–10. Garten baut

Gemüse an, je nach Gegend. Da ist eine Befruchtung, auf die weitere Entfernung hin gesehen, nicht mehr gegeben. Wir hier mit dem Mienbacher Waldgarten haben uns einem kleinen regionalen Netzwerk rund um eine ausgebildete Saatguterhalterin angeschlossen und haben uns den Erhalt der Sorten aufgeteilt. Jedes Jahr bauen wir jetzt andere Sorten an und tauschen durch. So können wir die für uns wichtigsten Sorten ohne Inzuchtdepression erhalten. Allerdings gibt es auch einige Saatgutfirmen, die samenechtes Saatgut anbieten, wie z. B. Bingenheimer, Reinsaat, Dreschflegel-Saatgut, Grüner Tiger, Magic Garden Seeds, Deaflora, Garten des Lebens, Arche Noah Österreich und zum Glück schon sehr viele kleinere Erhalter, die ihre Sortenraritäten über das Internet anbieten.
Hier kann man mit ruhigem Gewissen sein Starter-Saatgut ordern. Es lohnt sich jedoch auch, ab Januar in der Region nach Saatgutbörsen Ausschau zu halten. Hier kann gekauft und getauscht werden.

Gemüse, das wir als Einsteiger in der Saatguternte getrost ausprobieren können:

→ **Tomaten** –
immer die ersten, schönsten und schmackhaftesten verwenden, um Samen zu nehmen. Selbst packe ich die noch nassen Saaten in Kaffeefiltertüten, beschrifte sie mit Sortenname und Jahr und hänge sie zum Trocknen an die Wäscheleine. Tomaten sind Selbstbestäuber und brauchen nur sich selbst zum Befruchten!

Saatschalen, hier mit Tomaten.

→ **Paprika** –
einfach die Samen innen in ein Schälchen streifen und trocknen lassen. Die Frucht sollte vollreif sein und auch eine der ersten in der Reifephase! Sind die Samen getrocknet, in ein beschriftetes Tütchen geben und Sortenname oder Aussehen der reifen Frucht und Qualität der Frucht mit dazuschreiben.

→ **Chili** –
können wir genauso wie Paprika entnehmen und trocknen. Je nach Schärfegrad der Chili sollten Handschuhe getragen werden!

→ **Salate** –
auch wenn nur ein Salat ausgewachsen ist, können wir dennoch die Samen ernten. Aber erst, wenn die weißen Samenpuschel ganz entfaltet sind und die Samen mit ihnen leicht aus der Hülle zu ziehen sind. Auch hier ist eine Beschriftung der Saaten wirklich zu empfehlen, denn im nächsten Jahr wissen wir nicht mehr, ob es ein Pflücksalat oder Kopfsalat war!

→ **Bohnen** –
dazu einfach die übriggebliebenen Schoten bis zur Trockenreife an den Büschen lassen. Ganz trocken müssen die Bohnenkerne sein, besonders zur Lagerung. Eine Beschriftung ist insbesondere wichtig, da schnell in Vergessenheit gerät, ob es jetzt Busch- oder Stangenbohnen waren.

DIE FREUDEN UND MÜHEN DES JÄHRLICHEN VORZIEHENS

Jährlich ist man froh, wenn im Herbst alles unter Dach und Fach ist, doch bereits ab Januar kitzelt es in den Fingern, es werden Saatgutkataloge gewälzt, im Internet recherchiert, Fachbücher gelesen und ab Februar geben wir dann nach und beginnen mit Paprika und Chilis. In Saatschalen werden diese auf dem warmen Süd-Fensterbrett vorgezogen. Einige beginnen bereits früher, doch Paprikas brauchen Licht und wer keinen Platz für Pflanzenleuchten hat, der muss eben dann warten bis Februar. Entgegen der Meinung, dass Anzuchterde für alle Kulturen gut wäre, meide ich diese. Besonders Starkzehrer wie Paprika und Chili brauchen eine kräftig gedüngte Erde, damit die Pflänzchen später nicht mickern und gelb und schwach herumhängen. Also entweder gute Blumenerde kaufen oder selbst produzieren, aus z. B. Wurmerde, Maulwurfshügelerde und/oder etwas gedämpfter Komposterde. Warum dämpfen? Wegen der Beikrautsamen, die sonst in rauen Mengen bei den Saaten aufgehen und unserem Kultursaatgut das Leben schwer machen. Gedämpft werden kann in einem alten Kartoffeldämpfer, der dann nur noch für Erde verwendet wird. Ist erst einmal genug Erde für die Anzucht vorbereitet, kann begonnen werden. Es wird keine Profiausrüstung benötigt. Einfach kleine Kunststoffschälchen, die von Verpackungen stammen, wie von Champignons oder Speiseeis verwenden. Diese zu drei Vierteln mit dem Erdgemisch befüllen, einsäen und dann die restliche Erde darübergeben. Mit warmem Wasser angießen! Ganz wichtig ist auch hier die Beschriftung! Sortenname, oder was es werden soll, mit wasserfestem Stift auf ein Stück Kunststoff schreiben und hineinstecken. Ausrangierte Joghurtbecher zum Beispiel einfach in Streifen schneiden und als Etiketten verwenden. Wichtig ist immer, dass genug Licht vorhanden ist. Am besten ein Regal in das Südfenster stellen. Dann hat alles Platz und die notwendige Belichtung.

Gemüse zur Voranzucht:

GEMÜSE	ANZUCHTBEGINN	PIKIEREN/TOPFEN
Paprika /Chili	Februar	Ende März/Anfang April
Tomaten, Auberginen, Physalis	März	Anfang April
Salat (je nach Sorte)	Ab Februar, dann laufende Nachsaaten	Ende Februar/Anfang März und laufend bis in den Juli
Sellerie (Knollen /Stangen) Lichtkeimer!	Ab Februar	Ab Ende März
Knollenfenchel	Ab Februar	Ab März ins Gewächshaus
Artischocken	Ab März	Anfang April
Weißkohl/Rotkohl	Februar bis April	Nach ca. 2–3 Wochen
Blumenkohl, Brokkoli, Wirsing, Butterkohl	Febr./März bis April	Nach ca. 2–3 Wochen
Rosenkohl/Grünkohl	Mai/Juni	Nach ca. 2–3 Wochen
Kohlrabi	Febr. – Juni	Nach ca. 2–3 Wochen
Gurken, Kürbis, Zucchini	Ende April	Anfang Mai
Lauch	Ab Februar/März	April

Gemüse für Direktsaat ins Beet:

GEMÜSE	SAATZEIT	VEREINZELN
Radieschen/Rettich	Ab März	Nach 2–3 Wochen
Salate	Ab März ins Gewächshaus Ab Ende März ins Freie mit Vlies	Nach ca. 2 Wochen
Feldsalat/Postelein	August – September	Nach ca. 3–4 Wochen
Spinat	Febr./März und August/Sept.	Nicht zu dicht säen!
Mangold	April bis Juni	–
Endivien/Radicchio	Juni – Juli	Nach ca. 2–3 Wochen
Asiasalat	März/April oder Juli – Sept.	
Gurken, Kürbis, Zucchini	Anfang Mai unter Vlies	
Bohnen, Stangen oder Busch	Anfang Mai bis Anfang Juli	Nicht notwendig
Erbsen	März bis Anfang Juni	Reihenabstand 50 cm
Puffbohnen	Februar bis April	
Rote Bete (gelbe oder weiße)	April bis Juni	
Winterrettich	Juli	Nach 2–3 Wochen
Mai/Herbstrüben	März- April und Juli – August	Nach 2–3 Wochen
Gelbe Rüben (Möhren)	März bis Juni/Juli	Nach ca. 4–5 Wochen
Zwiebeln	März	Nach ca. 4 Wochen

NACH DRAUSSEN PFLANZEN
Ab Mitte Mai
Ab Mitte Mai
Ab März ins Gewächshaus
Anfang Mai
Ab Ende April
Ab Mitte Mai
Ab Ende März
Ab Ende März ins Gewächshaus
Ab Mitte Mai
Ab Ende März ins Gewächshaus od. Frühbeet
Mitte Mai
Anfang Mai

Regal im Südfenster bringt genug Platz für alle Ansaaten.

Jungpflanzen fertig zum Ins-Beet-Setzen.

WILDES GEMÜSE UND DAUERKULTUREN

Die Dankbaren im Permakulturgarten! Einmal gepflanzt, immer vorhanden! Manchmal eher fruchtig wie der Rhabarber, manchmal eher Blattmassen wie die verschiedenen Baumspinate. Individuell, doch immer zu unterschiedlichen Zeiten erntbar, sind sie immer am gleichen Platz, beschatten und halten den Boden. Die einjährigen Arten sind zwischen diesen Kulturen gut untergebracht! Wildgemüse passt hervorragend in den Waldgartenbereich, jedoch auch als Reihenpflanzungen als dauerhafter Bewuchs zwischen die einjährigen Kulturen. So bilden sie ein kleines Mikroklima und schützen die, die nach ihnen kommen.

GEMÜSE	ANSPRÜCHE
Baumspinat, ausdauernder Buchweizen	Humose, frische Erde
Große und kleine Brennnessel	Stickstoffhaltiger Boden
Etagenzwiebel	Humose, frische Erde
Ewiger Kohl	Humose, frische Erde
Japanische Klette	Humoser, tiefgründiger Boden. Zweijährig, sät sich aber auch selbst aus.
Grünspargel	Humoser Boden
Guter Heinrich	Wildpflanze mit geringen Ansprüchen
Haferwurz	Kaum Ansprüche, für dicke Wurzeln jedoch humoser, tiefgründiger Boden. Zweijährig, sät sich aber gut aus.
Hopfen	Braucht Rankmöglichkeit, bringt man nicht mehr weg!

Lauchscheibenschötchen rotlaubig vor Barbarakresse gelbblühend und ewigem Kohl im Hintergrund.

Grünspargel

Haferwurz blühend vor Wein.

Haferwurz im Samenstand, fertig zur Saatguternte.

ERNTEZEIT	VERWENDUNG
Juni bis September	Einzelne Blätter oder Sprossspitzen gekocht zu Spinat, auch Rohverzehr möglich
März bis Oktober	Die jungen Blätter u. Triebspitzen gekocht für Suppen, Aufläufe, Spinat usw.
Ab April die Röhren, ab August/September die Zwiebeln	Roh oder gedünstet
Die einzelnen Blätter über das ganze Jahr hinweg	Roh, gekocht oder fermentiert
Die Wurzeln von September bis Januar der einjährigen Pflanzen	Gekocht für Suppen oder fermentiert
Die jungen Sprosse im Mai/Juni	Roh oder gedünstet
Blätter von März bis Oktober	Für Spinat
Oktober bis März des ersten Jahres	Wie Schwarzwurzeln gedünstet
Die jungen Triebspitzen März/April	Wildspargel, gedünstet zu Salaten oder Speisen

Kaukasischer Rankspinat.

Etagenzwiebel

GEMÜSE	ANSPRÜCHE
Kaukasischer Rankspinat	Humoser, frischer Boden mit Rankmöglichkeit
Löwenzahn	Fetter Wiesenboden
Malven, kaukasische Malve oder chin. Gemüsemalve	Je humoser der Boden, desto größer die Blätter
Meerkohl	Humoser Boden
Sauerampfer, Kulturampfer	Keine großen Ansprüche
Meerrettich	Tiefgründiger, fetter Boden
Meldearten	Bodenpionier, die Riesenmelde auch überall anbaubar
Nachtkerzen	Karger, auch sandiger Boden
Pyrenäenmilchstern	Frischer Boden
Rhabarber	Humoser Boden, für Mistgaben dankbar
Schlangenknoblauch	Humoser Boden
Spornblume	Humoser, frischer Boden
Süßdolde, Myrrhenkerbel	Humoser, frischer Boden

Schlangenknoblauch

Blühender Meerkohl hinter Zierlauch.

ERNTEZEIT	VERWENDUNG
Die jungen Blätter und Triebspitzen von April bis Juni	Roh oder gekocht zu Spinat
Die jungen Blätter, Knospen und Blüten, ebenso die Wurzel im Herbst	Die Blätter zu Salaten, die Knospen in Öl, die Blüten als Sirup, die Wurzeln zu Kaffee oder Lebertee
Die Blätter ab Juni bis September, die Blüten im Sommer ebenso	Roh oder gedünstet zu Gemüse
Die Triebspitzen im März/April. Kann vorgetrieben werden mit durchsichtigem Eimer	Gedünstet wie Spargel
Die Blätter von März bis Oktober	Zu Suppen und Salaten
Die Wurzeln im Herbst	Zu Soßen und zu Fermentiertem
Die Blätter von Juni bis Oktober	Roh in Salate oder gekocht zu Spinat
Die Wurzeln Ende des ersten, Anfang des zweiten Jahres	Gekocht wie Schwarzwurzel
Jungen Austrieb vor der Blüte ernten	Wie Spargel
Die Blattstiele April/Mai bis zur Sommersonnenwende	Geschält zu Kompott, Kuchen usw.
Die Knoblauchknöllchen nach Bedarf, produziert im Sommer jede Menge Nachwuchs am Stiel oben	Zum Würzen für Soßen, Dips, Salate usw. Im Frühling auch die Blätter
Die jungen Austriebe April/Mai	Wie Feldsalat
Blüten und junge Blätter im Frühling, die grünen Samen August/September, die Wurzeln September-November	Besonders die noch grünen Samen schmecken wie Lakritze und sind herrliche Nascherei. Die Wurzeln im Spätherbst gedünstet

GEMÜSE	ANSPRÜCHE
Taglilien	Normaler Gartenboden
Taubnesseln/Goldnessel	Normaler Gartenboden
Topinambur	Normaler bis humoser Gartenboden
Tripmadam	Eher karger, steiniger Boden
Wald-Geißbart	Normaler Gartenboden, gerne feuchter, halbschattig
Wiesen-Bärenklau	Normaler Gartenboden
Wilde Rucola	Normaler Gartenboden
Wildkohl, Russischer Kohl	Humoser Boden, zweijährig, sät sich aber bereitwillig selbst weiter aus
Winterheckezwiebel	Humoser Gartenboden
Zackenschötchen	Normaler Gartenboden
Knollenziest	Humoser, frischer Gartenboden
Zuckerwurzel	Humoser Gartenboden

Topinambur

Winterheckezwiebelblute vor ausdauernder Kresse.

ERNTEZEIT	VERWENDUNG
Die Blüten Mai bis Juli, von einigen Arten auch die Rhizome	Die Blüten gleich roh als Nascherei, in Salate oder gefüllt mit Frischkäse
Von März bis September die Triebspitzen und Blüten	Zu Salaten, für Brotaufstriche, zu Gemüsegerichten
Die Knollen von Oktober bis März	Roh oder gekocht zu Salaten, Suppen, Gemüsepfannen usw.
Jederzeit	Die fleischigen Blätter zu Salaten
Junge Sprosse im Frühling, April bis Mai	Wie Spargel
Blattaustrieb im Frühling bis in den Sommer	Die Herzen oder Blattstiele gedünstet in Öl
Von April bis August, sät sich gerne aus, an geschützten Stellen auch winterhart	Die scharfen Blätter zu Salaten oder roh auf Pizza
Von März bis April sehr zart und lecker, von November bis Dezember gut zum Verkochen	Im Frühling ruhig roh in Salate, im Herbst zu Gemüsepfannen oder zum Fermentieren
Von März bis Dezember	Die dicken Röhren roh in Salate oder direkt aufs Brot
Von März bis Dezember	Die meerrettichscharfen Blätter roh für Salate oder Aufstriche
Die Knollen September bis November	Zu Gemüse dünsten
Die dicken, weißen Wurzeln im Frühling oder Herbst, die restliche Pflanze wieder eingraben	Zu Gemüse dünsten

Zwergtaglilien

Zuckerwurzel

DER MIX MACHT'S AUS!

Ein Garten wird erst interessant mit seinen unterschiedlichen Strukturen, Höhen und Farbschattierungen. Schlängelt sich nun ein Weg zwischen den Gemüsekulturen hinein in den Waldgartenbereich, wird man immer zwischendurch Plätze finden für Stauden und Wildgemüse, in denen Dekoelemente, die den Nützlingen von Vorteil sind, untergebracht werden können. So kann fließend das eine in das andere übergehen. Wer aber nicht gerne suchen möchte, kann natürlich alles geordnet im Kulturbereich unterbringen. Da in der Permakultur der Boden nicht groß bearbeitet wird, sondern immer nur abgedeckt, sind größere freie Flächen nicht notwendig! Das Dauerhafte kann also ruhig immer mal wieder eine Reihe dazwischen bilden. Allerdings sollten weit ausladende oder höhere wie Baumspinate, Rhabarber, Geißbart usw. nur für die Außenbereiche eingeplant werden! Ebenso Topinambur, der mit seiner Höhe von 2,50 bis 3,50 m eher als Sichtschutz in den Randbereichen einge-

Entdeckungen zwischen dem Wildgemüse.

plant werden kann. Auch in Topfkulturen für Balkonien können einige der Wildgemüsesorten gezogen werden. Geeignet dafür wären Knollenziest, Zuckerwurzel, Winterheckezwiebel, Etagenzwiebel, Rucola, Schlangenknoblauch, Tripmadam, Zwergtaglilien, Malven und Brennnesseln. Sie sind teilweise auch wunderbar im Bodenbereich von Beeren oder Zwergbäumchen untergebracht.

Mischkultur auch beim Kulturgemüse ist sehr wichtig. Wie bereits bei der Reihenmischkultur erwähnt, gibt es Gemüsesorten, die sich sehr gut mögen und mit den Wurzeln ineinander wachsen, und Gemüsesorten, die sich nicht mögen und ihre ganze Energie dazu aufwenden, voneinander weg zu wachsen. Ebenso immer mal wieder Blumenreihen mit Ringelblumen und Tagetes setzen, die mit ihrem Duft die Drahtwürmer im Boden vertreiben und mit ihren Blüten die Nützlinge anlocken und somit auch Raupenbefall beim Kohl minimieren können. Welche Gemüsesorten nun zusammenpassen, zeigt uns folgende Tabelle:

GEMÜSE	MAG BESONDERS	VERTRÄGT SICH NICHT MIT
Aubergine	Blumenkohl/Brokkoli, Spinat, Kohl, Kopfsalat, Pflücksalat	Erbsen, Kartoffeln, Paprika, Rote Bete
Bohnen	Bohnenkraut, Chicorée, Dill, Erdbeeren, Gurken, Kartoffeln, Kohl, Kohlrabi, Salat, Mais, Pastinake, Rettich, Rote Bete, Schwarzwurzeln, Sellerie, Spinat	Erbsen, Knoblauch, Zwiebeln
Blumenkohl/Brokkoli	Aubergine, Erbsen, Kartoffeln, Sellerie	Kohl, Zwiebeln
Chicorée	Bohnen, Fenchel, Kopfsalat, Möhren, Pastinaken	–
Dill	Bohnen, Erbsen, Gurken, Kohl, Salat, Möhren, Rote Bete, Zwiebeln	–
Erbsen	Blumenkohl/Brokkoli, Dill, Fenchel, Gurken, Kohl, Kopfsalat, Kohlrabi, Mais, Möhren, Pastinaken, Rettich, Spinat, Zucchini	Aubergine, Bohnen, Kartoffeln, Knoblauch, Lauch, Paprika, Zwiebeln
Erdbeeren	Bohnen, Knoblauch, Kopfsalat, Lauch, Rettich, Spinat, Zwiebeln	Kohl
Fenchel	Chicorée, Erbsen, Gurken, Salate	Bohnen, Kohlrabi, Paprika, Tomaten
Gurken	Bohnen, Dill, Erbsen, Fenchel, Knoblauch, Kohl, Kopfsalat, Lauch, Mais, Paprika, Sellerie, Spinat, Zwiebeln	Rettich, Tomaten, Zucchini

GEMÜSE	MAG BESONDERS	VERTRÄGT SICH NICHT MIT
Kapuzinerkresse	Kartoffeln	–
Kartoffeln	Bohnen, Blumenkohl/Brokkoli, Kapuzinerkresse, Kohlrabi, Mais, Pfefferminze, Spinat	Aubergine, Erbse, Kohl, Paprika, Pflücksalat, Rote Bete, Sellerie, Tomaten, Zwiebeln
Knoblauch	Erdbeeren, Gurken, Möhren, Rote Bete, Tomate, Zwiebeln	Bohnen, Erbsen, Kohl
Kohl	Aubergine, Bohnen, Dill, Erbsen, Kopfsalat, Lauch, Mangold, Paprika, Pfefferminze, Rettich, Rote Bete, Sellerie, Spinat, Tomaten	Blumenkohl/Brokkoli, Erdbeeren, Kartoffeln, Knoblauch, Kohlrabi, Zwiebeln
Kohlrabi	Bohnen, Erbsen, Kartoffeln, Kopfsalat, Rote Bete, Sellerie, Spinat, Tomaten	Fenchel, Kohl
Kopfsalat	Aubergine, Bohnen, Chicorée, Dill, Erbsen, Erdbeeren, Fenchel, Gurken, Kohl, Kohlrabi, Lauch, Mais, Möhren, Pfefferminze, Rettich, Rote Bete, Schwarzwurzeln, Spinat, Tomaten, Zwiebeln	Sellerie
Lauch	Erdbeeren, Gurken, Kohl, Kopfsalat, Möhren, Pastinaken, Schwarzwurzeln, Sellerie	Bohnen, Erbsen, Rote Bete, Zwiebeln

GEMÜSE	MAG BESONDERS	VERTRÄGT SICH NICHT MIT
Mais	Bohnen, Erbsen, Gurken, Kartoffeln, Kopfsalat, Spinat, Zucchini	Rote Bete, Sellerie
Mangold	Kohl, Möhren, Pastinake, Rettich	Rote Bete, Schwarzwurzeln, Spinat
Möhren	Chicorée, Dill, Erbsen, Knoblauch, Kopfsalat, Lauch, Mangold, Paprika, Pfefferminze, Pflücksalat, Schwarzwurzeln, Tomaten, Zwiebeln	–
Paprika	Gurken, Kohl, Möhren, Tomaten	Auberginen, Erbsen, Fenchel, Kartoffeln, Rote Bete
Pastinake	Bohnen, Chicorée, Erbsen, Lauch, Mangold, Pflücksalat, Zwiebeln	–
Pfefferminze	Kartoffeln, Kohl, Kopfsalat, Möhren, Tomaten	–
Pflücksalat	Aubergine, Bohnen, Dill, Fenchel, Pastinake, Rettich, Rote Bete, Schwarzwurzeln, Spinat, Zwiebeln	Kartoffeln
Radieschen/Rettich	Bohnen, Erbsen, Erdbeeren, Kohl, Kopfsalat, Mangold, Möhren, Pflücksalat, Schwarzwurzeln, Spinat	Gurken
Rote Bete	Bohnen, Dill, Knoblauch, Kohl, Kohlrabi, Kopfsalat, Pflücksalat, Zucchini, Zwiebeln	Auberginen, Kartoffeln, Lauch, Mais, Mangold, Paprika, Spinat
Schwarzwurzeln	Bohnen, Kopfsalat, Lauch, Möhren, Pflücksalat, Rettich	Mangold
Sellerie	Bohnen, Blumenkohl/Brokkoli, Gurken, Kohl, Kohlrabi, Lauch, Spinat	Kartoffeln, Kopfsalat, Mais
Spinat	Aubergine, Bohnen, Erbsen, Erdbeeren, Gurken, Kartoffeln, Kohl, Kohlrabi, Kopfsalat, Mais, Pflücksalat, Rettich, Sellerie	Mangold, Rote Bete
Tomaten	Knoblauch, Kohl, Kohlrabi, Kopfsalat, Möhren, Paprika, Pfefferminze, Zwiebeln	Fenchel, Gurken, Kartoffeln

GEMÜSE	MAG BESONDERS	VERTRÄGT SICH NICHT MIT
Zucchini	Bohnen, Erbsen, Mais, Rote Bete, Zwiebeln	Gurken
Zwiebeln	Dill, Erdbeeren, Gurken, Knoblauch, Kopfsalat, Möhren, Pastinake, Pflücksalat, Rote Bete, Tomaten, Zucchini	Bohnen, Blumenkohl/Brokkoli, Erbsen, Kartoffeln, Kohl, Lauch

Nicht genannt wurden die Gemüsesorteen, die sich neutral dazu verhalten, das heißt, nicht Genannte kann man dazu vergesellschaften, es hat aber keine bestimmten Vorteile!

Besonders bevorzugt man folgende Gemeinschaften:

- → Zwiebeln oder Lauch mit Möhren gegen die Zwiebel- und Möhrenfliege
- → Mais, Bohnen (meist Stockbohnen), Kürbis oder Gurken, man nennt diese Gemeinschaft dann Milpa oder Indianerbeet
- → Kohl mit Ringelblumen, Borretsch oder Tagetes hält Raupen des Kohlweißlings fern
- → Bohnenkraut bei Bohnen erhöht den Geschmack der Bohnen und soll Bohnenläuse abwehren
- → Duftpelargonien oder Eberraute halten im Gewächshaus die weißen Fliegen fern
- → Erbsen bei Kartoffeln sollen den Kartoffelkäfer vertreiben
- → Gartenkresse bei Radieschen oder Rettichen soll Erdflöhe fernhalten
- → Knoblauch schützt vor Pilzkrankheiten und hält Mäuse fern, besonders bei Erdbeeren, Möhren, Gurken, Pfirsichen, Schwarzwurzeln, Tomaten und Salaten
- → Meerrettich zu Kartoffeln und Pfirsiche vertreibt Kartoffelkäfer, Drahtwürmer und die Kräuselkrankheit
- → Minzen halten beim Kohl Kohlweißlinge und Drahtwürmer fern
- → Ringelblumen und Tagetes beugen Drahtwürmern und Wurzelnematoden vor
- → Salbei hält bei Gemüse Läuse, Schnecken und Kohlweißlinge fern
- → Sellerie bei Kohl hält Kohlweißlinge fern
- → Spinat hält bei Kreuzblütern (Kohlarten) Erdflöhe fern
- → Tomaten halten bei Kohl Kohlweißlinge fern
- → Wermut bei Johannisbeeren schützt vor Säulenrost

WINTERANBAU

Sehr viele Gartengewächshäuser werden lediglich im Sommer für Tomaten, Gurken und Paprika genutzt. Doch nur dafür sind sie eigentlich viel zu teuer! Interessant wird es erst, wenn wir diese Häuser dann auch für den Winteranbau nutzen. Meist stehen jedoch die Tomaten und Paprikas bis Oktober, die Winterkulturen müssten jedoch bereits ab August eingesät werden. Doch auch dies funktioniert, indem die Tomaten von unten her entblättert werden und wieder Luft zum Boden lassen. So können ab August zwischen den Sommerkulturen bereits Spinat, Radieschen, Rettich, Asiasalate, Salatrauke, Endivien, Zuckerhut und Winterrettich eingesät oder gepflanzt werden. Natürlich können für diese Kulturen auch Frühbeete genutzt werden! Vor allen Dingen für die Salate, die sich ja in der warmen Zeit noch entwickeln und dann eigentlich nur noch überwintern. Eine weitere Idee wäre, die Endivien, Zuckerhut und Chinakohl noch im Außen-Beet zu kultivieren und für die Frostphasen mit den Wurzeln in ein Frühbeet einzuschlagen. Wichtig ist, dass die Winterfeuchte, die sich erbarmungslos mit zusätzlichem Frost auf die Pflanzen niederlegt, im Gewächshaus oder Frühbeet eliminiert wird. So halten sich die Salate noch bis nach Weihnachen, fast bis Februar wunderbar unter der Glasfront. Auch bei den Spinaten, Feldsalaten, Herbstrübchen usw. ist es so, dass sie bis Oktober/November entwickelt sein müssen. In der kalten, dunklen Zeit wachsen diese im Gewächshaus auch nicht, sind jedoch jederzeit erntbar, weil durch fehlenden Schneedruck und Eis die Pflanzen voll nutzbar sind, auch wenn sie tiefgefroren stehen. Können sie langsam auftauen, entfalten sie ihr volles Potenzial! Doch auch draußen auf den Beeten können einige Gemüsearten überwintern und sind auch bei Frost zu ernten, wie z. B. Grünkohl, Rosenkohl und Winterlauch. Ihnen machen Frost und Schnee überhaupt nichts aus! Bei Dauerfrost werden

Feldsalat mit Wildkräutern.

Typisches Wintergemüse – Grünkohl.

lediglich die richtigen Werkzeuge zum Ernten gebraucht! Werden die Temperaturen ab Mitte Februar in Gewächshaus und Frühbeet wärmer, beginnen der Spinat, der Feldsalat, Asiasalate usw. wieder zu wachsen. Abgeschnittene Blätter treiben also wieder nach und ab Ende Februar, Anfang März kann bereits das frische Grün schon wieder geerntet werden. Dazwischen können ab Mitte März aber bereits schon wieder die neuen Einsaaten eingebracht werden.

Gegossen werden braucht über den Winter hinweg nicht viel. Ist alles geschlossen, reicht meist die Winterfeuchte aus, noch dazu, wenn der Boden abgemulcht ist. Auch hier eignet sich Laub wunderbar! Doch auch Flächenkompostierung mit Küchenabfällen, die vorher etwas zerkleinert wurden, z. B. in einem separaten, alten Mixer, helfen mit, den Boden aufzubauen und die Verdunstung zu stoppen. Liegt Schnee, kann dieser jederzeit ins Gewächshaus geschaufelt werden. Dieser schmilzt langsam und kann somit gut einsickern. Das tut den Pflanzen besonders gut.

Geschützte Voranzucht im Gewächshaus.

PFLANZEN FÜR DIE HAUSAPOTHEKE

Ein Garten, der uns gesund erhält! Schließlich passt es nicht zu einem Paradies, wenn man ständig kränkelt! Dabei gibt es eine riesige Auswahl an Kräutern und Wurzeln, die, nehmen wir sie regelmäßig zu uns, uns stärken, aber auch bei kleinen Wehwehchen und Unpässlichkeiten unterstützen können. Es sind teilweise Kräutlein, die im Vorbeigehen genascht werden können. Aber auch Gemüse, das uns kräftigt. Doch natürlich können wir auch hier eine richtige kleine Hausapotheke aus Tinkturen, Ölen, Salben und Ansätzen zusammenstellen. Viele dieser Pflanzen passen in eine Kräuterspirale, jedoch auch in die Baumscheiben des Waldgartens, oder sind Wildkräuter, die von selbst einfach in unseren Randzonen wachsen. Lassen wir sie dort, können wir sie nutzen, bekämpfen lassen sie sich ja sowieso nicht! Die Natur ist zum Glück stur, sie möchte uns nur helfen und wir dürfen wieder lernen hinzusehen, zu erkennen und sie zu nutzen!

Kräuter für die Hausapotheke.

PFLANZE	VERWENDETE TEILE
Ackerschachtelhalm	Oberirdisches Kraut, das stark kieselsäurehaltig Haut, Haare, Nägel kräftigt und Pilzbefall vorbeugt. Auch im Garten
Andorn	Das ganze Kraut bei Husten, für den Magen und gegen leichten Durchfall
Berg-Arnika	Blüten nur zur äußeren Behandlung!
Ausdauernde Kresse, Pfefferkraut	Blätter, roh
Baldrian	Wurzeln getrocknet zur Beruhigung und für guten Schlaf
Balsamkraut, Bibelblatt, Frauenminze, Marienblatt	Die Blätter getrocknet als Duft gegen Ohnmacht, krampflösend, antiseptisch und zusammenziehend, frisch bei Insektenstichen
Beinwell	Die Wurzeln ab Oktober zur äußerlichen Behandlung bei Quetschungen, blauen Flecken, Verstauchungen
Brennnessel	Blätter und Wurzeln zur Stärkung, stark mineralienhaltig, entwässernd, blutreinigend für Frühjahrskuren
Cistrose (Zistrose)	Blätter für immunsteigernden Tee, Hydrolat für angegriffene Haut
Eberraute	Die Blätter in Duftkissen, stoffwechselanregende Wirkung, regt sowohl den Appetit als auch die Fettverbrennung an
Eibisch	Die Blätter sind stark saponinhaltig und lindern Verschleimung und Husten, die Wurzel ist noch stärker

Arnika

Beinwell, weißblühend.

MÖGLICHE ZUBEREITUNGEN	STANDORT
Tee, Haarspülung, Bäder	Karger, verdichteter Boden, vollsonnig
Tee, in Wein eingelegt, Tinktur	Sonnig in normaler Gartenerde
Tinktur zur Wundbehandlung	Sonniger, leicht saurer Standort
Meerrettichschärfe im Blatt für die Rohkost, aufs Brot oder nachträglich auf Suppen gestreut	Sonnig bis halbschattig in normaler Gartenerde
Für Tee	Halbschattig in normaler, frischer Gartenerde
Getrocknete und frische Blätter für Tees, auch direkt in Salate	Sonne bis Halbschatten in normaler Gartenerde
Wurzelbrei, Blattbrei für Frischauflagen (bitte immer mit Mullauflagen arbeiten, nie direkt auf die Haut auftragen), Salben	Halbschattig in guter, feuchter Erde
Für Tees, Salben, Tinkturen	Stickstoffanzeiger, sonniger bis halbschattiger Platz
Tee, Hydrolat, Salbe	Sonniger, karger Boden an geschütztem Platz. Mediterrane Pflanze!
Potpourri, Tee	Sonniger bis halbschattiger Platz in normaler Gartenerde
Tee, Tinktur	Sonniger Standort in normaler Gartenerde

Eberraute

Cistrose

PFLANZE	VERWENDETE TEILE
Engelwurz, Angelika	Wurzel und Samen magenstärkend, menstruationsfördernd, harntreibend, schweißtreibend, blutreinigend, nervenanregend usw.
Fenchel/Anis/Kümmel	Die Samen gegen Blähungen und in der Stillzeit zur Milchbildung
Fingerkräuter: Gänsefingerkraut, Fünffingerkraut, Blutwurz	Blätter und Wurzeln wirken zusammenziehend und entzündungshemmend, optimal zur Wundbehandlung, sowohl außen als auch innen
Frauenmantel	Blüten und Blätter als Frauenkraut
Hauswurzen	Das innere der dicken Blätter als Aloe-Vera-Ersatz gegen Verbrennungen und Hautreizungen
Heidelbeere	Getrocknete Beeren gegen Durchfall
Holunder	Blüten und Beeren, salicylsäurehaltig gegen Schmerzen und zur Grippevorbeugung
Johanniskraut	Blüten gegen schlechte Stimmung und als Öl bei Verrenkungen und Zerrungen. Macht lichtempfindlich!
Kamille, echte oder römische	Die Blüten gegen Entzündungen, bei Erkältungen und Unwohlsein
Kapuzinerkresse	Blätter und Blüten werden als Bauernpenicillin bezeichnet
Knoblauch	Knollen gelten als natürliches Antibiotikum, senkt den Blutdruck und steigert das Immunsystem

Fenchelsamen

Johanniskraut

MÖGLICHE ZUBEREITUNGEN	STANDORT
Für Tee und Tinkturen	Halbschattig bis schattig auf feuchtem Standort mit guter Erde
Als Tee oder Gewürz	Sonnig, normaler bis karger Gartenboden
Tee, Spülung, Tinktur	Sonnig, karge und trockene Flächen
Als Tee	Halbschattig und gerne etwas feucht
Frischverwendung des inneren des Blattes	Vollsonnig
Trockenobst	Saurer, leicht feuchter, sonniger Standort
Blüten als Tee und Sirup, Beeren als Kochsaft, rohe Beeren sind giftig	Sonnig bis halbschattig, frischer, gerne stickstoffhaltiger Boden
Als Tee und Ölansatz = Rotöl	Sonnig auf kargem Boden
Als Tee, zum Inhalieren, als Tinktur oder Auflage	Sonnig. Kommt nur auf offenem Boden!
Frisch verzehrt, als Pesto, also Essig oder alkoholischer Auszug = Tinktur	Sonnig bis halbschattig auf gutem Gartenboden
Frischverzehr oder als Ansatz in Essig oder Alkohol	Sonnig in gutem Gartenboden

Römische Rasenkamille.

Kapuzinerkresse

PFLANZE	VERWENDETE TEILE
Lavendel	Blüten und Blätter zur Entspannung und zur Insektenabwehr
Löwenzahn	Blätter, Blüten und Wurzel zur Leberstärkung
Mädesüß	Blüten und Blätter sind stark salicylhaltig, als Kopfschmerzmittel und zur Grippevorbeugung
Majoran/Oregano	Das blühende Kraut frisch oder getrocknet als Erkältungstee, bi Blähungen und Krämpfen
Malve in versch. Sorten	Blüten und Blätter unterstützend bei Husten und Verschleimung
Meerrettich	Die Wurzel mit Honig oder Zucker bei Erkältungen. Natürliches Antibiotikum
Melisse, Zitronenmelisse	Das ganze Kraut gegen Stress, gereizte Nerven, bei Einschlafproblemen
Nelkenwurz	Die gesamte Pflanze mit Wurzeln, nervenstärkend, stopfend, zusammenziehend, blutstillend und verdauungsfördernd
Petersilie	Das ganze Kraut bei Augenentzündungen
Pfefferminze	Das ganze Kraut, krampflösend, leber- und gallewirksam, blähungswidrig, wurmtreibend (bei stark mentholhaltigen Sorten), schleimlösend, nervenstärkend, schmerzlindernd, keimtötend
Ringelblume	Die Blüten, heilend, ausgleichend

Lavendel

Mauretanische Malve.

MÖGLICHE ZUBEREITUNGEN	STANDORT
In Tees, als Bäder, Hydrolat	Volle Sonne in kargem Boden oder normaler Gartenerde
Frischverzehr oder Wurzelzubereitung als Tee oder Kaffee	Sonnig in normaler Gartenerde
Als Tee, Sirup	Sonnig in feuchter Erde oder am Teichrand
Als Tee oder getrocknet als Würze	Volle Sonne in karger Erde
Frischverzehr oder getrocknet als Tee	Volle Sonne in normaler Gartenerde
Frischzubereitung	Sonne bis Halbschatten in guter Gartenerde
Als Tee oder als Bad, auch Sirup ist möglich	Sonne bis Halbschatten in normaler Gartenerde
Getrocknet als Tee	Sonne bis Halbschatten in normalem Gartenboden
Als starker Teeaufguss des frischen oder getrockneten Krautes	Guter Gartenboden in voller Sonne
Frisch oder getrocknet als Tee	Sonnig bis leicht halbschattig in normaler bis guter Gartenerde
Frisch oder getrocknet in Teemischungen und als Salben	Sonnig bis leicht halbschattig in normaler Gartenerde

Meerrettich hinter Heilziestblüten.

Nelkenwurz

Salbeiblüten neben Gewürzfenchel.

Waldmeister

PFLANZE	VERWENDETE TEILE
Salbei	Die Blätter bei übermäßiger Schweißbildung, gegen Halsentzündungen und Entzündungen im Mundraum
Schöllkraut	Nur äußerlich verwenden! Pflanzensaft gegen Warzen
Thymian	Blätter und ganze Zweige bei Husten und Erkältung
Waldmeister	Für Duftkissen ins Bett für guten Schlaf und schöne Träume
Weißkraut	Die frischen Blätter mit einem Nudelholz aufbrechen und auf entzündete Stellen auflegen, z. B. Brustentzündung beim Stillen, Sehnenentzündung am Fuß
Wermut	Die Blätter als Stoffwechsel- und Appetitanregung. Unterstützt die Fettverbrennung im Körper, wehrt Parasiten ab
Ysop	Das ganze Kraut zur Schleimlösung, natürliches Antibiotikum, schweißhemmend und steigert den Blutdruck!
Zwiebel	Natürliches Antibiotikum, mit Honig gegen Husten, als Auflage gegen Ohrenschmerzen, bei Verschleimung, stärkt die Abwehrkräfte

MÖGLICHE ZUBEREITUNGEN	STANDORT
Frisch oder getrocknet als Tee oder Gurgelwasser	Sonniger Bereich im Garten
Den frischen orangenen Pflanzensaft direkt und regelmäßig auf Warzen streichen	Sonniger, eher karger Standort
Frisch oder getrocknet als Tee, zum Inhalieren oder als Einreibung	Sonniger, karger Standort
Getrocknet in Duftkissen	Eher halbschattiger, feuchterer Standort unter Bäumen
Möglichst frisches Blatt eines Kohlkopfes	Sonniger, gut gedüngter Gartenboden, Starkzehrer
Frisches oder getrocknetes Kraut als Tee oder als Pulver zum Einnehmen	Sonniger Standort, am besten bei Johannisbeeren
Frisch oder getrocknet als Tee, frische Blätter in den Salat	Sonniger bis halbschattiger Standort in guter Gartenerde
Es wird stets die frische Zwiebel aufgeschnitten verwendet	Sonniger, humoser Boden. Verträgt wenig Beikraut

Kräuter in ihrer üppigen Hochzeit.

Kulturträuschling

Rosa Seitling.

Schopftintling als Bodenkultur.

PILZKULTUREN

Die Alternative zur Nutzung schattiger Bereiche im Garten. Besonders wenn die Bäume und Hecken im Garten höher werden, entstehen sie, diese Schattenbereiche, wo kein Gemüse mehr wachsen mag. Ideal für Pilzkulturen! Ein bisschen Umdenken ist hier allerdings gefordert, denn Pilze unterscheiden sich von Pflanzenkulturen um einiges! Doch auch hier kann klein angefangen werden, und sind diese leckeren Fruchtkörper erst einmal im Garten heimisch, ist der Erfolg für mehrere Jahre garantiert.

Nicht jeder Pilz mag es im Garten, es gibt daher eine Auswahl von Kulturpilzen, die nicht auf Mykorrhiza-Pilze in Zusammenhang mit verschiedenen Bäumen ausgerichtet sind, wie unsere Waldpilze. Diese Kulturpilze wachsen auf Stroh, auf Baumstämmen oder als Erdkulturen bzw. Mistkulturen, wie Champignons und Kulturträuschling, manchmal auch irreführend als Braunkappen bezeichnet. Auch Parasolpilze können im Garten kultiviert werden.

Es gibt die einjährigen Kulturen, die auch als Schnellkulturen bezeichnet werden und nach drei kurz aufeinanderfolgenden Erntewellen fertig sind, und es gibt die Stammkulturen, die bis zu 6 Jahre lang fruchten können. Üben im Thema Pilzkulturen kann man immer gut mit Schnellkulturen. Diese gibt es bereits fertig durchgemycelt zu kaufen. Das heißt, einfach daheim auspacken und nach Anleitung aufstel-

Shiitake Schnellkultur.

Shiitake Schnellkultur im Haus.

len und wachsen lassen. Als Erstkultur zum Üben genial. Weiter geht es dann mit dem Kauf von Pilzbrut als Körnerbrut oder Dübel, um das Kultursubstrat oder den Stamm damit zu beimpfen. Doch hier können einige Fehler gemacht werden, auf die ich gleich noch eingehen werde. Wer dann im Thema Pilzzucht autark werden möchte, der braucht aber dann schon fast eine kleine Laborausrüstung, um vom Sporenabdruck zur Mycelzucht und Vermehrung in Substrat bis zum Beimpfen der Endkultur und dem Wachsen der Fruchtkörper erfolgreich zu sein.

→ Schnellkulturen

Wer die beliebten Strohballen mit Kulturpilzen wie Champignons oder Austern-Saitlingen beimpfen möchte, braucht erst einmal eine gute biologische Strohballenquelle. Vom Biobauern deswegen, da im konventionellen Getreideanbau gerne Fungizide verwendet werden, die sich im Stroh ablagern und es den Kulturpilzen unmöglich machen zu wachsen. Die nächste Schwierigkeit ist es, noch kleine Bündel zu bekommen, denn die heutigen Landwirte verwenden fast ausschließlich große Quaderballen, die nicht mehr so einfach transportiert, geschweige denn gewässert werden können. Zu Beginn sollte das ganze Bündel in einer alten Wanne oder in der Wassertonne getaucht werden, damit sich das Stroh gut vollsaugt. Ist dies erledigt, kann das Strohbündel an seinem schattigen Endplatz mit der Pilzbrut beimpft werden. Das heißt, kleine Stücke des Mycels werden so gut es geht in das Bündel verteilt bzw. hineingedrückt. Um die Verdunstung zu verhindern und die Durchmycelung zu fördern, wird das Ganze mit einer Folie abgedeckt. Wer viele Schnecken im Garten hat, sollte sich für einen Schneckenzaun entscheiden, denn Schnecken lieben Pilze! Nach einigen Wochen werden die ersten Fruchtkörper sprießen und das Ernten kann beginnen! Eine Eigenheit haben die Pilzkulturen: Es funktioniert nicht, nur einige große herauszuschneiden, es sollten immer alle auf einmal geerntet werden. Die nicht geernteten, auch wenn sie noch klein sind, gehen sonst sofort ins Absporen über und verlieren ihre Zartheit!

→ Erdkulturen

An einem schattigen Platz unter Bäumen sollte zuerst ein Loch gegraben werden. Das mitgelieferte Substrat in Wasser vollsaugen lassen und nun mit der Pilzbrut beimpfen. Dieses gut durchgemischte Substrat in das vorbereitete Loch füllen. Auch hier sollte guter Schutz vor Schnecken angebracht werden. Es dauert 4 – 6 Monate, bis die Erde gut durchwachsen ist und die ersten Pilze fruchten. Wird im Frühling beimpft, gibt es die ersten Pilze im Herbst. Wird im Sommer oder Herbst beimpft, ab Mai des nächsten Jahres. Die Pilze wachsen dann in einem Umkreis von ca.

1 Meter rund um die beimpfte Stelle und dies über mehrere Jahre hinweg.

→ Stammkulturen

Jede Kulturpilzart benötigt zum Wachsen etwas andere Voraussetzungen. Die meisten Holzpilzkulturen benötigen die Stämme mit einer Länge von ca. 35 cm und einem Durchmesser von ca. 20 cm. Solche Maße sind noch relativ einfach zu besorgen. Diese Stämme können nach dem Einmieten in die Erde gesetzt werden, denn die meisten Pilze auf Hölzern benötigen Erdkontakt! Außer der Shiitake-Pilz, dieser hätte lieber eine Länge von 60 bis 120 cm und einen Durchmesser von 10 – 15 cm. Shiitake-Hölzer können auch aufgehängt werden, so entgeht man auch dem Schneckenbefall.

Hier erst einmal eine kleine Auflistung der Kulturpilzarten und der Hölzer, auf denen sie gerne wachsen:

KULTURPILZ	HOLZARTEN
Austernpilz, Austernseitling	Pappel, Buche, Weide, Erle, Esche, Ahorn, Eberesche, Apfel, Kirsche, Rosskastanie, Birke
Igelstachelbart	Eiche, Buche, Walnuss, Apfel
Lackporling	Buche, Eiche, Birke, Esche, Ahorn, Ulme, Douglasie
Limonenseitling oder Rosa Seitling	Pappel, Buche, Esche, Erle, Weide, Ahorn
Samtfußrübling	Buche, Weide, Eiche, Birke, Esche, Erle, Pappel, Ahorn, Ulme, Walnuss, Rosskastanie
Schwefelkopf graubl.	Douglasie, Fichte, Kiefer
Stockschwämmchen	Buche, Pappel, Birke, Eiche, Esche, Erle, Ahorn, Rosskastanie, Weide, Linde
Südlicher Schüppling	Pappel, Weide
Taubenblauer Seitling oder Ulmenseitling	Buche, Pappel, Eiche, Weide, Ulme, Linde, Ahorn
Toskanapilz, Kräuterseitling	Buche, Pappel, Weide
Chinesische Morchel (Judasohr)	Buche, Pappel, Weide, Holunder
Shiitake-Pilz	Eiche, Buche, Apfel, Ahorn, Marone

Rosa Austernseitling.

Limonenseitling

Bei der Beimpfung von Hölzern ist einiges zu beachten:

Austernseitling

- Der Baum sollte vor mind. vier Wochen gefällt worden sein, die natürliche Pilzabwehr des Baumes muss bereits abgestorben sein.
- Wenn der Stamm bereits länger als drei Monate liegt, ist der Befall von Fremdpilzen bzw. Zersetzerpilzen schon möglich. Diese sind immer stärker als die Kulturpilze!
- Es gibt also lediglich ein Zeitfenster von 2 Monaten zum Beimpfen.
- Der Stamm muss zum Zeitpunkt des Beimpfens feucht sein. Es ist möglich, den Stamm über Nacht bzw. einige Tage in einer Wassertonne zu wässern.
- Stämme können das ganze Jahr über beimpft werden, doch müssen sie vor Frost geschützt werden.
- Nach dem Beimpfen sollten die offenen Stellen geschlossen werden. Bei Dübeln mit Bienenwachs oder Naturlatex, bei Körnerbrutbeimpfung in Schnitten, am besten mit Klarsichtfolie (Frischhaltefolie). Die Folie kann entfernt werden, sobald sich das Mycel im Holz verteilt hat (ca. 4 Wochen). Die eingemieteten Stämme brauchen eine Temperatur um 15–20 Grad Celsius.
- Nach ca. 4 Wochen können die Stämme an einem schattigen Platz mind. 5–10 cm in die Erde eingegraben werden.
- 10 Wochen nach dem Beimpfen dürfen die Stämme keinen Frost abbekommen.
- Nach Aufstellen der Stämme im Garten sollten diese bei größeren Trockenphasen regelmäßig mit einem Wassersprüher besprüht werden, damit sie nicht austrocknen.
- Über den Winter sollten die Stämme mit Tannenzweigen oder Laub vor zu viel Regen geschützt werden.
- Die Pilzkultur im Stamm fruchtet nur, wenn die entsprechende Temperatur für den Pilz passt.
- Die Stammkulturen sollten vor Mitessern wie Mäusen, Hühnern usw. geschützt werden.
- Stammkulturen können 5–6 Jahre lang fruchten. Sobald jedoch die Rinde vom Stamm fällt, ist der Feuchtigkeitshaushalt des Stammes nicht mehr gegeben und die Pilzkultur stirbt ab.
- Sobald sich Zersetzerpilze zeigen, kann der Stamm entsorgt werden.

TIERE ZUR SELBSTVERSORGUNG IM HAUSGARTEN

In der Permakultur werden Tiere gehalten, zum einen, um uns bei der Bewirtschaftung und der Schädlingsbekämpfung zu unterstützen, zum anderen, um eine Versorgung nach ungünstigen Zeiten oder Naturkatastrophen zu gewährleisten. Wenn also ein Gewitter oder Hagelsturm unsere Ernte vernichtet, so können wir uns trotzdem versorgen, indem wir unsere Tiere essen. Natürlich kann auch nur das gute Nebenprodukt genutzt werden, wie Eier oder Milch und Honig. Trotzdem kann es vorkommen, dass einmal eine Notschlachtung vonnöten ist. Bei Krankheit oder Verletzungen. Dies muss immer bedacht werden bei der Tierhaltung und dies sollte auch fachmännisch erledigt werden können!

Generell sollte bei jeder Anschaffung eines Tieres eine Kosten-Nutzen-Analyse angefertigt werden. Wobei das Tier nicht nur Produkte liefert, sondern natürlich auch gräbt, Schädlinge wegfrisst und selbstverständlich auch ein guter Zuhörer ist! Als Ersatz für einen Psychiater würde so manches Huhn herhalten. Ziegen sowieso. Jeder findet also andere positive Eigenschaften des Tieres, das es wert ist, gefüttert zu werden.

Ebenso sollte man sich ja auch bewusst sein, dass es heißt, Verantwortung zu übernehmen! Wenn also viel gereist wird, dann sollte vor der Anschaffung evtl. mit der Nachbarschaft vereinbart werden, dass sich bei Abwesenheit gekümmert wird.

Bei jeder Veränderung im System Garten, also auch, wenn Nutztiere dazukommen, schwankt zuerst einmal das ökologische Gleichgewicht. Es pendelt sich wieder ein, keine Sorge, aber es sollte einem schon bewusst sein. Hühner fressen einige Schädlinge weg, verursachen jedoch auch Schäden im Gelände. Enten fressen Schnecken, zerpflücken aber auch Salate. Aber nicht nur das. Unsere „Wildtiere“ im Garten kennen die Eindringlinge ja noch nicht und fühlen sich zuerst gestört. Da denke ich vorrangig an Eidechsen, Singvögel, Blindschleichen usw. Sie müssen auch erst lernen, ihre Nischen zu finden, damit sie nicht gleich aufgefressen werden, wenn sie, wie vielleicht zuerst unbedacht, ins Freie flitzen. Doch auch wenn plötzlich Nutztiere fehlen, die zuerst im Einsatz waren, hinterlässt dies ein Ungleichgewicht im ganzen Gartengefüge. Wenn bei uns jetzt plötzlich die Hühner und Enten weg wären, hätten die Goldammern und Spatzen kein Fressen mehr, die jetzt in ganzen Scharen und laut zwitschernd täglich bereits darauf warten. Sie würden sich woanders umsehen und unseren Garten verlassen. Das möchte ich aber nicht, denn auch sie leisten alle wertvolle Arbeit! Tiere arrangieren sich untereinander, auch Wild- und Kulturtiere untereinander!

Wird mit dem Gedanken gespielt sich Nutztiere zuzulegen, ist es wohl am besten, sich über ausführliche Fachbücher oder direkt bei einem Halter zu informieren und zu lernen, auf was

Hanne mit den
Hunden und Ziegen
unterwegs.

Deutsche Sperber,
bedrohte Zweinutzungsrasse.

man alles achten sollte, bzw. auch, wie man dann so ein Tier schonend schlachtet.

Nun aber zu den einzelnen Tierarten, in Kürze erklärt:

HÜHNER

Ein Huhn frisst bis zu 150 kg Küchenabfälle pro Jahr. In Frankreich gab es deshalb in einigen Kleinstädten bereits das Projekt, dass jeder Haushalt ein Huhn kostenlos von der Kommune bekommt. Da ein Huhn nicht alleine sein mag, gibt es jetzt nachbarschaftlich gemeinsam angelegte Hühnergehege, zur Reduzierung des Biomülls. Dies macht in diesen Kleinstädten doch tatsächlich 75% aus! Als tollen Nebeneffekt gibt es Eier. Es heißt ja auch, mit einem Kleinkind kannst du ein Huhn mitfüttern, bei drei Kindern schon ein Schwein. Das Huhn ist also ein wertvoller „Abfall"-Vertilger. Doch nicht nur dies. Im Garten, sofern es sich frei bewegen darf, frisst ein Huhn Schneckeneier, kleine Schneckchen, Maden, Käferlarven, Raupen, Würmer usw. Die meisten dieser kleinen Tierchen zählen zu unseren Schädlingen. Besonders auch im Obstgarten, wenn die Tiere Zugang zum Fallobst haben, können diese die Kreisläufe der Kirsch- und Apfelmaden, ebenso der Kirschessigfliege unterbrechen, indem sie das Fallobst mit den Schädlingen einfach auffressen. Zudem kommt die automatische Düngung hinzu! Die Ausscheidungen der Hühner enthalten sehr viel Stickstoff, was sie im geballten Einsatz im Gemüsebeet fast ausschließt. Mit zu viel frischem Hühnermist kann auch Gemüse „verbrennen" bzw. bei Salaten eine zu hohe Nitratbelastung entstehen. Es ist also besser, den frischen Hühnermist entweder zuerst zu verkompostieren oder als Flächenkompostierung

Sundheimer Hühner, Zweinutzungsrasse, bedroht.

Junghühner im Hühnertraktor, versetzbar.

Cochindamen beim Eierlegen.

auf Beeten mit Starkzehrern oder Beerensträuchern zu verteilen.

Hühner sind die idealen Selbstversorgertiere, doch ein fuchs- und mardersicherer Stall muss unbedingt gegeben sein. Ein überdachtes Gehege vor dem Stall bietet zusätzlich Raum, wenn die Tiere mal keinen Freigang haben sollen bzw. wenn Stallpflicht zwecks Vogelgrippe angesagt ist. Beim Bau eines Stalles sollte dies gleich miteingerechnet werden.

Versetzbare Hühnertraktoren sind meist von Haus aus stallpflichtkonform. Hierbei können jedoch nur Rassen verwendet werden, die keinen so großen Bewegungsdrang haben, oder Zwergformen. Diese Art der Ställe bietet den Vorteil, dass sich Krankheiten durch den wechselnden Platz kaum ausbreiten können. Lediglich die rote Vogelmilbe gilt es im Sommer zu bekämpfen, wobei sich bei mir eine Mischung aus Spiritus und Spülmittel bzw. Flüssigseife hervorragend bewährt hat. Den Stall damit wöchentlich einsprühen. (Rezept: Eine Flasche Spiritus, 1 Liter Wasser und 1 Flasche Flüssigseife in den Drucksprüher füllen und den Stall damit aussprühen.) Als Einstreu dient Häckselmaterial oder Hanfpellets. Stroh vermehrt die lästigen Milben, da sie sich in die Strohhalme zurückziehen können.

Ein Hahn muss nicht zwingend bei den Hühnern sein, er schafft jedoch Ordnung und Ausgleich. Ein Hahn kümmert sich um seine Damen und wenn ein Huhn mit dem Glucken beginnt, dann sind die Eier befruchtet und es gibt Nachwuchs. Es besteht allerdings die Möglichkeit, dem gluckenden Huhn auch befruchtete Eier unterzuschieben. Schlüpfen dann tatsächlich Küken aus, sollten den Tieren gehackte Brennnesseln und gekochtes Ei angeboten werden. Zusätzliches Kükenfutter ist für das gesunde Wachstum der Jungtiere sehr förderlich!

Deutsche Pekingenten, bedrohte Art.

ENTEN UND WEITERES FEDERVIEH

Indische Laufenten sind für die Schneckenvertilgung wirklich sehr effektiv! Jedoch auch alle anderen Entenarten. Der Vorteil der Laufenten liegt in der Flugunfähigkeit, weshalb ein niedriger Zaun von 40 cm Höhe bereits reicht, um sie z. B. von der Terrasse abzugrenzen. Sobald jedoch irgendwann eine flugfähige Ente eingekreuzt wurde, ist die Laufente flugfähig, wenn auch nur kurz, und überwindet so eine Abgrenzung. Deshalb sollte hier besonders auch auf die Elterntiere geachtet werden, bevor man sich diese in den Garten holt. Am vorteilhaftesten ist es, wenn der Gemüseanbaubereich in der Mitte des Gartens liegt und die Tiere außen herum Patrouille gehen können. In der Winterzeit, bzw. sofern abgeerntet wurde, können die Tiere auch auf diese Flächen gelassen werden. Zum Baden reicht ihnen eine kleine Wanne oder eine Sandmuschel. Diese Behältnisse können regelmäßig gereinigt werden, was im Sommer alle zwei Tage vonnöten ist, da diese kleinen Schlammpatscher den Schnabel voll Erde nehmen und ihn im Wasser auswaschen. Sehr schnell beginnt dann das Ganze zu riechen. Als Düngewasser ist es hervorragend, und Bäume und Sträucher sind sehr dankbar für Entenwasser! Indische Laufenten sind sehr gute Eierleger! Früher wurden hauptsächlich Enteneier verspeist, jedoch ließ die hohe Anfälligkeit gegen Salmonellen die Industrie auf Hühnereier umsteigen. Gekocht und zum Backen sind Enteneier aber wunderbar!

Die meisten anderen Entenrassen sind geringfügig bis stärker flugfähig, was aber durch einseitiges Flügelstutzen unterbunden wird. Manche Rassen benötigen jedoch zur Befruchtung der Eier ein Schwimmgewässer, was viele für den Hausgarten ausschließt. Empfehlen möchte ich jedoch hier noch die Warzenenten, auch

Wachteln im Freigehege.

Moschusenten genannt. Sie sind sehr leise im Gegensatz zu den indischen Laufenten und es reichen ihnen auch nur Wannen zum Plantschen. Wer gerne Entenbraten ist, der ist mit Moschusenten in der Selbstversorgung bestens bedient.

Für die Hausgärten scheiden meist Puten bzw. Truthähne, Perlhühner und Gänse aus, alleine schon wegen der Lautstärke!

Wirklich interessant jedoch, besonders auch für den Kleinstgarten oder beschatteten Balkon bzw. Terrasse, sind Wachteln. Ob Lege- oder Mastwachteln, Zwerg- oder Schopfwachteln. Alle haben ihren Reiz. Ein von allen Seiten geschlossener Stall mit kleinmaschigem Volierendraht ist hier unbedingt erforderlich! Stehen sie an geschützter Stelle, sind sie auch vollkommen winterhart, das heißt, sie können über den Winter draußen bleiben. Ihre Eier lassen sie überall gerade liegen, wo sie sind. Es ist also täglich eine Ostereiersuche. Jede Rasse, jeder Farbschlag hat farblich unterschiedlich gesprenkelte Eier. Egal ob als Spiegelei, gekocht, verbacken usw. sie sind eine Delikatesse! Es heißt, durch die andere Eiweißzusammensetzung können Hühnereiallergiker Wachteleier essen. Ich kann jedenfalls sagen, bei meinem Sohn war dies leider nicht so. Zumindest enthalten diese Eier inkl. Schale wertvolle Inhaltsstoffe, weshalb sie in Russland sogar als heilkräftig gelten! Befasst man sich viel mit diesen lustigen kleinen Tierchen, werden sie sogar zahm und zutraulich. Auch im Siedlungsbereich kann hier ein Wachtelhahn gehalten werden. Sofern er alleine ist, verhält er sich sowieso ruhig. Sollten Nachbarn jedoch ebenfalls Wachteln halten, kann es sein, dass diese 2 Hähne sich zukrähen, was allerdings eher wie ein Gluckern klingt. Viele sehen Wachteln auch als Bratendelikatesse an. Was sie wiederum für die Selbstversorgung wertvoll macht. Selbst bevorzuge ich jedoch die Eier!

Angorahase
im Freilauf.

KANINCHEN

Sehr viele halten im Hausgarten Kaninchen, aber wohl eher als Kuscheltiere, und weil sie auch, erst einmal an den Garten gewöhnt, ortstreu sind. Ein festes Gehege ist hier aber trotzdem von Vorteil. Selbst habe ich den Tieren größere Stallungen gebaut, da die Haltung in den Freigehegen oft mit Tücken verbunden ist. Im Sommer bekommen sie gerne einen Hitzschlag, ohne Beschattung sowieso. Die Tiere verwurmen leicht, wenn sie auf blankem Boden hoppeln, auch mit wachsenden Zähnen hatte ich bereits Probleme, die im Freilauf zu spät bemerkt werden. Weibliche Kaninchen buddeln! Können sie sich also unter dem Gehegezaun hindurchgraben, werden sie dies tun und sich am Gemüse oder jungen Bäumchen gütlich tun!

Kaninchen sind wunderbare Tiere für die Selbstversorgung, da sie mit Gras und Heu alleine schon gut versorgt sind. Doch Blattabfälle vom Gemüse und trockenes Brot verachten sie auch nicht! Auch Zweige von Bäumen werden gerne gefressen, besonders Ahorn und Buche. Generell fressen sie auch gerne die Rinde von Ästen, weshalb ihnen diese immer wieder angeboten werden sollte. Kaninchen dürfen nie alleine gehalten werden. Weibchen jedoch sind manchmal nicht so einfach zu vergesellschaften. Hierbei ist es gut, entweder Geschwistertiere zu nehmen oder sie von klein auf aneinander zu gewöhnen. Rammler können nur dauerhaft bei den Weibchen bleiben, wenn sie kastriert sind. Wenn nicht, sind sie separat zu halten. Auf blutsfremde Verpaarungen ist zu achten. Die Tiere sind dann einfach gesünder. Mit drei bis acht Jungtieren pro Häsin kann gerechnet werden. Dem Tier ist es in dieser Zeit lieber, wenn es alleine einen Stall für sich hat und absolute Ruhe und frische Einstreu. Stets sollte Zugang zu frischem Wasser gegeben sein. Man erkennt, wenn es soweit ist, dass das Weibchen Nest baut, also mit Stroh im Maul durch den Stall räumt. Jedoch kommen auch Scheinschwangerschaften vor.

Kaninchen und Meeri-Freilaufgehege. Zaun ist eingegraben.

Katze genießt das
abgemulchte Beet.

Ziegen beim Weiden auf abgeerntetem Beet.

GROSSTIERE UND EXOTEN

Erst ab 1000 m² und mehr ist an die Haltung von größeren Tieren wie Schweinen, Schafen, Ziegen, Lamas, Alpacas, Nandus usw. zu denken. Sie benötigen einfach viel Gras im Sommer und über den Winter jede Menge Heu und Stroh als Einstreu. Für einen Hausgarten nicht denkbar. Wenn nun aber trotzdem an ein milchgebendes Tier gedacht wird, wie z. B. eine Ziege, dann bitte nie alleine. Keiner mag gerne alleine sein. Wenn frisches Gras von einem gepachteten Grundstück täglich herbeigeschafft werden kann, dann macht es dem Tier auch nichts aus, auf befestigtem Untergrund zu stehen. Es bliebe sogar noch gesünder, da keine Verwurmungsgefahr bestünde. Doch Langeweile ist nicht zu verachten und kann zu Unmut in der Nachbarschaft führen. Das Tier würde ständig nach Beschäftigung schreien. Von daher scheiden größere Tiere ganz einfach aus.

Lediglich möchte ich hier noch die Cuy Cuy erwähnen. Das sind große ursprüngliche Meerschweine, die in ihrer Heimat Peru gegessen werden. Allerdings sind sie bei uns nur schwer erhältlich und neigen zu Inzucht, da keine blutsfremden Linien importiert werden (dürfen).

Früher wurden in Kleingärten und Hintergärten auch noch Tauben in Volieren gehalten, teils besonders auch auf Dachgärten und Dachböden. Es gibt sehr interessante Rassen für die Selbstversorgung. Wer hieran Interesse hat, sollte sich einem regionalen Geflügelzuchtverein anschließen, dies ist jedoch auch für jedes andere Geflügel zu empfehlen, da hier wertvolles Wissen, was die Haltung und Zucht anbelangt, erworben werden kann und meist für die Kinder besondere Aktionen angeboten werden.

BIENEN

Ein sehr wertvolles Hobby, das auch im städtischen Bereich jederzeit umgesetzt werden kann. Sogar auf einem Balkon oder einer Terrasse. Bienenhaltung kann einem keiner verbieten, jedoch ist es trotzdem von Vorteil, die Erlaubnis der Nachbarschaft einzuholen. Es ist für keinen Bienengiftallergiker lustig, wenn gerade der Nachbar seine Bienenstöcke neben der eigenen Terrasse stehen hat. Es gibt gute Ausbildungen zur Bienenhaltung über jeden Imkerverein. Dort gibt es auch meist das erste Volk geschenkt inkl. Betreuung durch einen sogenannten Bienenvater. Das ist ein erfahrener Imker, der gerne mit Rat und Tat zur Seite steht. Da viele Fehler in der Imkerei gemacht werden können und die Problematik Varroamilbe, Faulbrut, Drohnenausschnitt, Schwarmbildung usw. nicht zu verachten ist, möchte ich jedem ans Herz legen, so eine Ausbildung zu absolvieren, der Interesse an der Bienenhaltung hat. Zu viele Leben stehen auf dem Spiel. Belohnt wird man jedoch dann mit einem Honig, der für den Besitzer des Stockes dann einzigartig ist! Mittlerweile muss erwähnt werden, dass die Stadtimker erfolgreicher wirtschaften als die Landimker, da im Siedlungsraum mehr Blühendes, besonders in Friedhofsnähe, zu finden ist für die Bienen als im ländlichen Bereich. Traurig, aber wahr. Es gibt eine Vielfalt an verschiedenen Beuteformen, die Bienenbehausungen sind zu wählen. Wildwabenbau in Trogbeuten wie Top Bar Beehive, die Warrébeute, die

Schwarmeinlauf in eine Warré-Beute.

Bienenkugel

Wabe der Bienenkugel.

Christbeute, die Bienenkiste, um nur einige zu nennen. Das heißt, die Bienen bauen ihre wilden Waben an einen Oberträger. Magazinbeuten, die wirtschaftlich am bedeutendsten sind, weil die Rahmen in eine Schleuder gesetzt werden können, wären dann z. B. Zander. Segeberger Beuten sind die Styroporbeuten, die auch einige Imker verwenden. Dass der Bien, so nennt man das ganze Volk, darin gerne aggressiv wird, ist verständlich. Die friedlichsten Bienen durfte ich in der Bienenkugel erleben. Eine Beuteform, die innen als Kugel geformt und mit runden Rahmen bestückt ist. Hier kann aber auch ein Zanderrahmen aufgesetzt werden, damit die Bienen den Honig für die Schleuder dort eintragen, die Königin mit der Brut und der Wintervorrat an Honig bleiben jedoch in der Kugel. Dort bleiben die Bienen ungestörter, haben einen gleichmäßigeren Wärmehaushalt, müssen weniger wärmen und kühlen und sind auch gesünder. Jeder Standort ist anders und man sollte sich die Freiheit nehmen, ruhig verschiedene Beuteformen auszuprobieren.

ALLES NICHTS, OHNE AUGENMERK AUF DEN BODEN

Jahrzehntelang wurden unsere Böden vernachlässigt, tief umgegraben, frei liegen gelassen, ohne Rücksicht auf das Bodenleben, einfach Blaukorn (synthetisch hergestellter Stickstoff-/Kali-/Phosphor-Dünger) darübergestreut und wieder angebaut. Hauptsache sauber. Doch die Natur hat eine andere Ordnung. Das Bodenleben sollte nie außer Acht gelassen werden! Nicht umsonst heißt es: „In einer Hand voll Erde gibt es mehr Lebewesen als Menschen auf der Welt!“

Hier möchte ich auch sehr gerne Masanubo Fukuoka nochmals erwähnen, einen der Urväter der Permakultur-Bewegung aus Japan. Er ging so weit zu sagen:

- **Keine Unkrautbekämpfung – weder durch Herbizide noch durch Striegeln oder Jäten!**
- **Keine Schädlingsbekämpfungsmittel – weder Insektizide noch Fungizide oder andere!**
- **Keine Bodenbearbeitung – weder Pflügen, Grubbern noch Umgraben!**
- **Kein Düngen und keine „Kompost“herstellung – aber: Schließung der Nährstoffkreisläufe durch Flächenkompostierung!**
- **Möglichst Dauerkulturen = Dauerbegrünung**

Wenn wir jetzt die Punkte durchgehen, wie wir das im Hausgarten umsetzen können, um die größtmöglichen Erfolge zu erzielen für den Bodenaufbau, die Förderung des Bodenlebens und Vermeidung von Schädlingen, dann sieht dies so aus:

> „IN EINER HAND VOLL ERDE GIBT ES MEHR LEBEWESEN ALS MENSCHEN AUF DER WELT!“

KEINE UNKRAUTBEKÄMPFUNG

Bei regelmäßigem Abmulchen des Bodens mit Küchenabfällen, Laub, getrocknetem Grasschnitt, Strohmist von Kaninchen und/oder im Herbst Hühnermist, der gleich mit Häckselmaterial, Kohlestücken und Gesteinsmehlen vermischt ist, bleiben Beikräuter von selbst weg. Sie bekommen einfach keine Luft, um hochzukommen. Der Wurm jedoch kann drunten optimal arbeiten, hat jede Menge Futter, lockert den Boden und kann sich optimal vermehren. Kommen die wenigen Beikräuter doch hoch, dann sind diese schnell ausgerissen, da der Boden darunter locker ist, und werden wieder obenauf gelegt, zum Vertrocknen. Einfach immer nur obenauf legen. Weitere Tierchen helfen bei der Umsetzung, wie z. B. Kerbtiere, Käfer und Larven, Vielfüßler, Spinnen, Asseln, auch Schnecken und Borstenwürmer. Eine wichtige Aufgabe jedoch übernehmen Pilze und Algen! Keine Angst vor Pilzgeflechten in der Bodenabdeckung. Der Pilz arbeitet vor, so dass weitere Tiere, wie z. B. der Wurm, es verwerten können. Es ist ein absolut ausgeklügeltes Zusammenspiel.

Außerdem sehen wir uns die Beikräuter doch mal genauer an, die da in unseren Beeten

Bodenprobe mit Blick auf die Knöllchenbakterien, die Stickstoffsammler der Kleepflanzen.

so hochkommen. Sie zeigen uns die Bodenqualität an.

Bei Nässe und Verdichtungen im Boden können vermehrt auftreten: Ackerschachtelhalm (Zinnkraut – wertvoll für Tees und Bäder wegen seinem reichlichen Gehalt an Kieselsäure. Als Teespritzung bei Pflanzen kann er Pilzbefall wie Mehltau vorbeugen), kriechender Hahnenfuß (für uns giftig), Huflattich (als Hausmittel gegen Husten, sowohl die Blüten, als auch die Blätter getrocknet als Tee), Breitwegerich (als Blasenpflaster beim Wandern), Gänsefingerkraut (wertvolles entzündungshemmendes Kraut, als Mundwasser, äußerlich bei Wunden und Entzündungen, innerlich als Tee), strahlenlose Kamille (duftet sehr gut nach Kamille, wird jedoch nicht verwendet).

Bei nährstoffarmen Böden können auftreten: Echte Kamille (nur, wenn der Boden vorher länger frei gelegen ist, wertvolles Teekraut), Ruchgras (sehr gut duftend, cumarinhaltig, für Kräuterkissen), Ackerschachtelhalm (s. o.), Ackerrettich oder Ackerrauke (Blätter sind als Salatbeigabe tauglich), Ackerfrauenmantel (wertvoller Frauentee).

Bei lockerem Boden und gutem Humusgehalt können auftauchen: Vogelmiere (auch Hühnerdarm genannt, schmeckt nach jungem Mais und ist sehr Vitamin-C-haltig, einfach mitessen!), Wolfsmilcharten (erkennbar an der weißen Milch innen, für uns giftig!), Franzosenkraut (leckeres Wildkraut, auch lecker zum Fermentieren), Erdrauch (sehr graziles hübsches Pflänzchen, wird hauptsächlich als Räucherkraut für Elfen verwendet!), Ackervergissmeinnicht (Blätter können wie Feldsalat gegessen werden), Taubnesselarten (alle essbar und als Frauentee verwendbar, besonders lecker sind die Blüten).

Wenn regelmäßig mit Mist gearbeitet wird, dann tauchen auch die unerschütterlichen Stickstoffanzeiger auf. Diese sind: Klettenlabkraut (das ganze Kraut klebt), Meldearten (als Spinat essbar), Hühnerhirse (wird sehr gerne

Schnee bleibt auf verdichteten Flächen länger liegen.

von Vögeln abgeerntet, kann aber sehr lästig werden!), Brennnesseln (sehr mineralstoffhaltig, als Spinat, als Suppe, als Teekraut usw.). Bei starkem Brennnesselbewuchs hilft meist auch kein normales Mulchen mehr. Da hilft nur, mit der Grabgabel die dicken Wurzelmatten zu entfernen und dann abzumulchen. Dann ist wieder Ruhe. Außer man erntet regelmäßig und legt den Überschuss wieder auf die Beete. Da die Brennnesseln aber wirklich schnell wachsen, ist dies eine Sisyphusarbeit!

KEINE SCHÄDLINGSBEKÄMPFUNG

Bereits im Kapitel „Elemente im Garten“ wurde auf die Nützlinge hingewiesen. Tritt also ein Schädling vermehrt auf, dann sollte nachgeschlagen werden, welcher Nützling hier gegensteuern könnte. Diese Nützlinge sollten dann vermehrt bevorzugt werden.

Treten z. B. Läuse auf, dann einfach Möglichkeiten zur Ansiedlung von Marienkäfern und deren Larven, Florfliegen und Ohrwürmern bauen, wie z. B. Insektenhotels mit Rinden, Holzwolle, Heu und Stroh. Schnell werden auch Tontöpfchen besiedelt, die, befüllt mit Stroh oder Heu, umgekehrt auf Stöcken bei den befallenen Pflanzen sitzen. Auch Vögel sammeln ab, weshalb Nisthilfen für Meisen von Vorteil sind.

Generell ist es sehr wichtig, den Garten giftfrei zu halten. Das ökologische Gleichgewicht ist auf Jahre hin zerstört, wenn nur einmal Gift eingesetzt wird. Dazu gehört auch Schneckenkorn! Frisst ein Igel eine Schnecke, die am Schnecken-

Hier findet ihr weitere häufig vorkommende Schädlinge und die dazugehörigen Nützlinge:

SCHÄDLING	NÜTZLING	ANSIEDLUNG
Insektenlarven Insektenpuppen	Maulwurf, Spitzmaus, Vögel, Blindschleiche, Zauneidechse, Bergmolch, Grasfrosch, Schlupfwespen, Spinnen, Wanzen	Totholzhaufen, Hecken, Vogelhäuschen, Natursteinmauern, Naturteich
Milben	Wanzen	Totholzstämme
Schnecken	Igel, Spitzmaus, Zauneidechse, Laufkäfer, Blindschleiche, Erdkröte, Bergmolch, Grasfrosch	Totholzhaufen, Eidechsenburg oder Natursteinmauern, Mulch, Naturteich, Laubhaufen im Herbst
Insekten jegl. Art, auch Raupen	Spitzmaus, Vögel, Wespen, Blindschleiche, Zauneidechse, Gelbbauchunke, Grasfrosch, Ohrwurm, Spinnen	Totholzhaufen, Natursteinmauern, Naturteich, Insektenhotels, Wildobsthecken, Vogelnisthilfen, alte Bäume erhalten!
Mäuse	Igel, Spitzmaus, Mauswiesel, Steinkauz, Falke	Totholzhaufen, Nisthilfen

Es wird nicht viel Werkzeug benötigt. Hier eine Grabegabel und eine Kupferfeldhaue.

korn war, wird auch dieser verenden. Frisst ein Falke eine vergiftete Maus, wird auch dieser verenden. Ganz zu schweigen von den Wirkungen auf uns selbst. Es hängt immer eine ganze Kette von Betroffenen mit daran, obwohl wir es meist nicht direkt sehen können.

Wenn es in unserem Garten summselt und brummselt, zwitschert und trällert, alles bunt ist und ein sanfter Blütenduft in der Luft liegt, dann haben wir alles richtig gemacht!

KEINE BODENBEARBEITUNG

„Der Wurm ist der Ochs des armen Mannes", diesen Satz habe ich bereits bei der Wurmfarm erwähnt. Und so ist es auch. Arbeiten wir mit bedecktem Boden, so kann der Wurm arbeiten, die Feuchtigkeit bleibt im Boden und wir brauchen zusätzlich nicht zu gießen. Ein blühender Garten ohne Umgraben und Gießen. Eine schöne Vorstellung, oder? Wollen wir einsäen, dann kommt der Mulch eine Furche breit zur Seite, ganz einfach. Ist die Kultur hoch genug, kann der Mulch wieder bis zur Kultur gerecht werden. Das Umgraben im Herbst fällt komplett weg. Entweder wurde vorher noch eine Gründüngung eingesät oder Laub aufgebracht. Die Schichten der Mikroorganismen sind sehr empfindlich. Wir können sie nur in ihrer Arbeit unterstützen, indem wir passende Pflanzen bzw. Kräuter anbauen oder aktivierte Kohle oberflächlich mit einarbeiten. Oberflächlich heißt in unserem Fall: die oberen 5 bis höchstens 10 cm. Mit einem Rechen kann ganz einfach ein Saatbeet freigemacht werden. Mit einem Setzhaindl, einer Feldhaue oder einem Sauzahn, am besten aus Kupfer, eine Saatrille ziehen. Die Wurzeln der eingesäten aufgehenden Saaten haben dann die Wahl, wo sie hinwachsen möchten. Brauchen sie Futter, werden sie sich an der aktivierten Kohle bedienen und mit den feinen Haarwurzeln die Kohlestücke fest umschließen. Haben sie Durst, wird sich die Wurzel tief nach unten bohren, zur gespeicherten Feuchtigkeit. Ist die Wurzel tief unten, wächst das Gemüse stabil, egal ob es länger trocken ist oder nicht. Die Feuchtigkeit bleibt im Boden und die Pflanze ist nicht verwöhnt und kooperiert zudem mit den Nachbarpflanzen. Die Pilzgeflechte im Boden, der nicht bewegt wurde, können zudem die Pflanzen wie Versorgungsleitungen verbinden. Nur so kann sich auch dauerhaft Boden aufbauen, was heute eines der wichtigsten Themen unserer Zeit sein sollte. Denn Boden ist wertvoller Wasser- und CO_2 Speicher! Wird der Boden zu stark bewegt, entweicht das CO_2 in die Luft. Doch wir brauchen es im Boden. Machen wir also unser wichtigstes Gut wieder zu einem Speicherschwamm, der uns nährt und trägt.

KEIN DÜNGEN UND KEINE KOMPOSTHERSTELLUNG

Hier ist das zusätzliche Düngen mit synthetisch hergestellten Düngern gemeint und dass die Kompostherstellung auch eine sehr anstrengende Angelegenheit sein kann, wird schon so mancher erfahren haben. Unser Flächenkompost, das heißt, unser Laub (kein Nuss- und Eichenlaub), unsere Küchenabfälle, im Optimalfall zerkleinert, das Häckselmaterial unserer Obstbäume und Wildobsthecken, sollte auch regelmäßig mit Gesteinsmehlen versetzt werden. Wenn dann dazu noch die aktivierte Kohle kommt und bei ganz ausgelaugten Böden vielleicht noch ein Zusatz, der sich Bodendoktor (BED= Bio-Elite-Dünger) nennt und eine Initialzündung der Pilzkulturen hineinbringt, so dass von Anfang an die Versorgungsleitungen zwischen den Pflanzen entstehen können, dann wird es sehr schnell gehen mit dem Aufbau unseres Gartenbodens und wir können leckerstes, gesundes Gemüse ernten, schnell und frisch auf den Tisch!

Würmer, die mit Küchenabfällen versorgt werden.

MÖGLICHST DAUERKULTUREN

Der Boden wird durch Wurzeln gehalten! Sind keine Wurzeln da, kann der Boden durch Wind und Wasser abgetragen und weggewaschen werden. Das passiert zwar sehr langsam, aber es passiert! Wenn jetzt der Boden dauerhaft durch Wurzeln gehalten wird, bleiben erstens die Bodenschichten, wie sie sein sollen, und zweitens bleibt der Boden beschattet, es muss nicht immer gemulcht werden. Dies ist besonders bei größeren Flächen wichtig. Wenn zum Beispiel im Frühling eine Gründüngung verschiedenster Pflanzen ausgebracht wird, dann können Kohlpflanzen, sofern die Gründüngung noch nicht zu hoch ist, direkt dort hineingesetzt werden. Die Gründüngung hält und beschattet den Boden, die Knöllchenbakterien holen Stickstoff aus der Luft und reichern ihn im Boden an, dies düngt wiederum die Kohlpflanzen. Später dann, wenn die Blüten des Gründüngers offen sind, lockt dies jede Menge Insekten an. Der Duft der Kohlpflanzen wird überdeckt durch die Blütendüfte und die Kohlweißlinge finden den Weg zu den Kohlpflanzen nicht. Das heißt, der Kohl bleibt raupenfrei. So eine Gründüngung kann bestehen aus: Phacelia, Ringelblume, Tagetes, Weißklee, Perserklee, Borretsch, Spinat, Dill, einjährige Lupine, Buchweizen, … Gleichzeitig ist so eine Gründüngeeinsaat auch wieder Bienenweide, es ist eine kleine Zone 5 in der Zone 1 oder 3. Doch nicht nur bei Kohl, nein, auch bei Paprika, Tomaten, Mais, Kürbis usw. funktioniert

Der Duft sagt viel über die Qualität der Erde aus.

diese Art zu gärtnern wirklich wunderbar und der Boden dankt es. Bitte beachtet dabei aber die Gemüsesorten, denen dies zu viel Bewuchs ist. Dazu gehören gelbe Rüben und auf alle Fälle Zwiebeln. Sie brauchen freie Beete, die nur leicht abgemulcht sind. Hier sollte wirklich zwischen Intensivgemüse und Extensivgemüse unterschieden werden, bzw. Gemüsesorten, die eine kurze und eine lange Kulturzeit haben.
Die Dauerkulturen können jedoch auch aus Gehölzen bestehen. Wenn unsere Gemüsereihen immer mal wieder mit Beerensträuchern durchzogen sind oder Zwergobstbäumen, dann bedeutet dies Windschutz, Vogellandeplatz, Bodenhaltung und Verdunstungsfeuchte, im Sommer auch wichtig: Schattenspender. Diese Gehölze sind höchstens einen Meter bis 1,20 m hoch und sollten so ausgerichtet sein, dass die Reihen von Süd nach Nord angelegt sind. So kann die Mittagssonne alle Kulturen wunderbar besonnen und dazwischen ist doch immer mal wieder Schattenwurf, so dass die Kulturen nicht so stark austrocknen können. Ein Vorteil für alle.

Es spielt auch eigentlich überhaupt keine Rolle, welche Bodenqualität Ausgangspunkt ist. Egal ob schwerer Lehmboden oder steinig oder sandig. Der Boden wird durch Abdecken immer optimal versorgt, die Durchmischung übernehmen die Bodentiere, sogar die Wühlmaus kann hier zum Mitarbeiter werden, besonders bei schweren Lehmböden.
Generell ist es wichtig, die Arbeit im Garten so harmonisch wie möglich anzugehen. Viele sehen es als Kampf gegen Schädlinge, immer in Sorge um ihr Gemüse. Immer in Sorge, „Unkrautsamen“ könnten sich zu stark ausbreiten. Bis der Boden sich aufbaut und im Gleichgewicht ist, kann es bis zu sechs Jahre dauern. Diese Zeit sollte eingeplant werden und wenn in einem Jahr die Schnecken einfach zu zahlreich sind, einfach abwarten und Löwenzahnsalat essen! Wir sind die Schöpfer und haben es in der Hand, leben und leben lassen soll unsere Devise sein. Die Zeit nutzen, um Wissen zu sammeln, um das Gleichgewicht zu fördern. Für jedes Problem gibt es eine Lösung und wenn es nur darum geht, es einfach anzunehmen, wie es ist.

UNSERE SPEISEKAMMER, HERZSTÜCK DER SELBSTVERSORGUNG

Es sind mind. 3 Monate (Mitte Dezember, Januar, Februar, bis Mitte März), in denen wir kaum etwas aus dem Garten ernten können, außer wir bewirtschaften ein Gewächshaus mit Winteranbau. Doch auch in diesem Fall ist es wichtig, eine volle Speisekammer zu haben. Eingewecktes Obst, fermentiertes Gemüse, Dörrobst (Fruchtleder), Säfte, Tomatensoße, saures Gemüse in Essig, eingesalzene Suppenwürze, Tees usw. All das braucht Platz. Ein Raum um die 10 Grad Celsius und/oder etwas darunter wäre hierzu optimal. Ist dieser Raum trocken, kann dort auch das Saatgut eingelagert werden, oder aber auch Trockenbohnen, Reis, Getreide usw. Werden Hülsenfrüchte zu warm gelagert, besteht die Gefahr des Bohnenkäfers. Er wurde aus China eingeschleppt und durchlöchert in kürzester Zeit den kompletten Bohnenbestand. Ebenso gefährlich für ein Vorratslager sind Lebensmittelmotten. Diese kommen in jedes Schraubglas, durchbeißen jede Plastikverpackung und verderben besonders Getreide und Trockenobst in null Komma nichts. Für Getreide wäre es gut, einen hellen Lagerplatz zu haben und größere Mengen offen zu lagern und es mit einem Kochlöffel oder Besenstiel täglich umzurühren. Motten mögen kein Licht und keine Bewegung in ihren Brutstätten. Trockenobst und Fruchtleder

Fermentiertes und in Essig eingelegtes Gemüse

Mein Speisschrank

Apfellager

lagere ich mittlerweile nur noch in Einweckgläsern. Es reicht hierbei, einfach den Deckel mit Gummi auf das Glas zu legen. Das Eigengewicht hält es dicht. Kunststoffdosen und Schraubverschlussgläser sind oft trügerisch!

Wichtig beim Lagern von Einmachgut ist immer die Beschriftung! Dabei beschriften, was im Glas oder der Flasche ist und das Jahr der Erzeugung. Beim Einräumen der neuen Gläser die alten nach vorne rücken und die neuen nach hinten räumen.

Äpfel können in der Garage gelagert werden, bei extremer Kälte einfach mit einer Decke abdecken, leichter Frost macht ihnen nichts. Rüben können in feuchtem Sand in Kisten gelagert werden, entweder auch in einer Garage oder einem kühlen Kellerraum. Sind die Kellerräume jedoch zu warm und haben sie zu trockene Luft, schrumpelt natürlich das Gemüse und die Kartoffeln treiben enorm. Der Bau eines Erdkellers ist wirklich nur Wenigen möglich, jedoch eine kleine Erdmiete kann jeder in seinen Garten mit einplanen. Es handelt sich hierbei einfach nur um ein Loch im Boden, ca. 50 cm bis 1 m tief. Z.B. wird eine feste Grube gegraben, evtl. mit Schalungsbrettern seitlich befestigt und unten mit starkem, dickem, kleinmaschigem Volierendraht ausgelegt, noch besser mit Kellerschachtabdeckungen, da diese wirklich nicht von Wühlmäusen durchgebissen werden können. Ausgekleidet werden kann diese Erdmiete sehr gut mit Walnussblättern. Der Geruch von diesen aromatischen Blättern vertreibt Mäuse! Das Gemüse kann sortiert in Kisten hineingestellt werden oder einfach so eingefüllt.

Wichtig dabei ist, das Gemüse darf nicht gewaschen sein. Die Rüben bitte so belassen, wie sie aus der Erde kommen. Der Boden der Erdmiete muss die Bodenfeuchte durchlassen! Das Ganze sollte absolut wühlmaussicher sein. Eine Maus kann das ganze Erntelager verderben!

Ist die Grube voll mit Erntegut, die Zwischenräume mit Stroh und Walnusslaub auffüllen und gut mit Brettern abdecken. Zur Dämmung kommen obenauf Strohballen, die wiederum mit einer wasserundurchlässigen Plane abgedeckt werden können. So kann das Stroh im Jahr darauf noch für die Tiere oder die Erdbeerbeete verwendet werden.

An frostfreien Tagen kann dann jeweils ein kleiner Vorrat aus der Erdmiete entnommen und danach wieder gut zugedeckt werden.

FÜR UNSERE KINDER UND KINDESKINDER – DEN GARTEN ENKELTAUGLICH ANLEGEN

Urvölker denken für 7 Generationen voraus. Dies ist natürlich auch in der Permakultur so gewünscht. Doch ist dies in unserer schnelllebigen Zeit überhaupt möglich? Besonders wenn nur gemietet oder gepachtet wird, wird viel unterlassen, weil es einem ja nicht gehört und die Besitzer vielleicht anderer Meinung sein könnten. Selbst bin ich bereits so einige Male umgezogen und musste nach unserem Auszug den Garten in den Urzustand zurückversetzen. Das heißt, alles musste wieder raus. Nicht nur einmal folgte ein Kahlschlag und auch die Bäume, die bereits vorher da waren, wurden entfernt, so dass aus einem blühenden fruchtenden Biotop eine Rasenwüste wurde. Alles Reviergehabe? Wahrscheinlich.

Doch die Anlage eines Gartens ist es immer wert, in Angriff genommen zu werden! Wenn so ein Biotop auch nur einige Jahre besteht, so kann es doch Initialzündung sein. Für manche Tierarten, aber auch für die Nachbarn. Gärtnern ist nämlich hoch ansteckend! Übrigens auch Hühnerhaltung! So kann aus jedem kleinen Stückchen Selbstversorgung in einem neuen Siedlungsgebiet bald eine autarke Siedlung werden. Ganz automatisch, nur durch vor-

Beziehungen aufbauen beim Füttern.

Gärtchen in der Obstkiste.

Kinder total geerdet.

Kindergarten in Mörtelwanne.

leben, austauschen, teilen. Es muss nicht volle Selbstversorgung sein, das ginge ja sowieso nicht, doch einfach nur über den Sommer mit frischem Grünzeug und Kräutern versorgt zu sein, gibt schon ein gutes Stück Lebensqualität. Die Kinder sollten hierbei auch wieder vermehrt mit einbezogen werden. Ab zwei bis drei Jahren werden sie sowieso zu Beerenmampfern, Suchern, Sammlern und Entdeckern. Mit vier bis fünf Jahren sollten sie bereits ihr eigenes kleines Gärtchen haben. Meist reicht schon eine Obstkiste aus, die mit Folie ausgelegt und Erde befüllt ist. Die ersten Radieschen, Schnittsalate und Sonnenblumen sind immer ein absolutes Ereignis. Meine Jungs waren immer eher die Obstesser und mieden Gemüse, als sie klein waren. Doch die Salatblätter aus dem eigenen Gärtchen wurden probiert und verspeist! Sie bekamen Mörtelwannen mit je einem Zwergobstbaum, Erdbeeren, essbaren Blüten und Salaten. Diese wurden über Jahre von ihnen gepflegt. Später durften die Bäume und Erdbeerpflanzen in den Waldgarten und stehen jetzt in meiner Intensivzone als Kleinst-Schattenspender.

Auch der Umgang mit Tieren ist für Kinder und ihre soziale Entwicklung elementar. Wie oft saßen meine Jungs bei den Hühnern im Gehege, haben Würmer ausgebuddelt und den geduldig wartenden Tieren angeboten. Eier abnehmen, streicheln, die Sorgen erzählen, mit Futter und Wasser versorgen, abends die Tür verschließen, morgens vom krähenden Hahn geweckt werden. Ein fester Rhythmus, der prägt. Die Erfahrung, dass auch das mühsam ausgebrütete und aufgezogene Hähnchen dann auch auf dem

Schneckensammlung

Kindgerechter Garten.

Teller landet, dass Tiere sterben, um uns zu ernähren, das macht Kinder stark. Manchmal erfordert es etwas Aufklärung, dass auch ein Wiener Würstchen oder Chicken McNuggets einmal Tiere waren, verständlicher wird es, wenn sie es erleben. Einige Kinder verweigern dann bewusst den Fleischkonsum und das ist auch in Ordnung, andere nehmen es wegen des Geschmacks hin, dass Tiere sterben. Es sollte kein Tabuthema sein. Kinder brauchen die Wahrheit. Genug Spielfläche brauchen Kinder natürlich auch im Garten. Doch ein Sandkasten passt überall dazwischen, die Schaukel in den Apfelbaum (natürlich nur, falls bereits ein großer Baum vorhanden ist) und ein Lager in die Wildobsthecke. Je nach Alter kann jeder Selbstversorgergarten zum Abenteuerspielplatz mutieren. Zum Beispiel durch ein Bohnentipi oder einen Spielturm mit Wein- und Kiwibewuchs und angebautem Frühbeet. Die Kinder dürfen und sollen Teil davon sein. Ihre Hilfe beim Bohnenauspuhlen ist auch nicht zu unterschätzen. Richtig rechnen lernten meine Jungs mithilfe von Bohnenkernen. Sie waren unsere Rechenmaschine.

Kinder wandern durch alle Zonen eines Gartens. Kommen sie zur Welt, halten sie sich meist in Zone 0 auf, unserem Haus, ab einem Jahr wird die Zone 1 erkundet, die Terrasse und intensiv bewirtschaftete Zone, alleine schon, weil die Eltern sich auch dort viel aufhalten. Mit drei bis vier Jahren wird der Beeren- und Obstbereich eingenommen, mit sechs bis sieben Jahren geht es schon in höhere Gefilde mit einem Baumhaus und je älter sie werden, umso weiter hinten im Garten liegen ihre Aufenthaltsorte. Bis sie ausziehen, dann kommt die Zone 6 ins Spiel, besuchen, austauschen, teilen, Wissen abrufen für das eigene Selbstversorgerdomizil. Und auch wenn die Enkel ins Haus kommen, ist und bleibt der Garten Erkundungs-, Entdeckungs- und Naschreich. Großeltern halten die besten Beerenschätze für ihre Enkel parat, wenn sie zu Besuch sind, und können bei den Enkeln meist noch besser Interesse für das Essen aus dem Garten wecken als die Eltern selbst. Das liegt einfach in der Natur der Dinge. Um es den Kindern oder Enkeln jedoch möglich zu machen, so ein Selbstversorgerparadies übernehmen zu können, sollte ihnen auch früh genug Verantwortung über so manchen Teil des Gartens gegeben werden, als Experimentierfeld zum Beispiel. Auch wenn verschiedene Arbeiten von den Großeltern noch selbst übernommen werden könnten, ist es oft psychologisch wertvoll, die Jungen dies tun zu lassen. Denn nur durch das Tun kann die Liebe dazu entdeckt werden, die Verwurzelung zum Garten gesetzt werden. Der Wunsch, den eigenen Kindern dies auch einmal ermöglichen zu können, kann gesät werden. Ein Selbstversorgergarten ist enkeltauglich, wenn die Besitzer ihn teilen können.

Kinder beim Gärtnern, sie säen, was später gegessen werden möchte.

Dritter Ethikpunkt der Permakultur: Teile gerecht!
Ein stabiles Selbstversorger-Biotop in all seinen Stockwerken ist auch noch jahrelang fruchtbar, auch wenn es nicht mehr leidenschaftlich bewirtschaftet wird. So können auch Gärten, die nur 2–3 Mal im Jahr besucht werden, weil sie im Ausland liegen, zu wertvollen Versorgergärten heranwachsen, wenn Partnerschaften richtig gesetzt und Licht und Mikroklima mit eingeplant werden. Solche Gärten werden verständlicherweise auch mehr von Wildtieren besiedelt, so sollte eben etwas Vorsorge betrieben werden, was Verbiss anbelangt. Augenmerk sollte auch auf das Wassermanagement gelegt werden. So kann bei leichtem Gefälle Wasser von einem Hausdach durch den ganzen Garten geleitet werden, mithilfe eines Mini-Swales, einem kleinen Graben, der Wasser in die darunterliegenden Beete einsickern lässt. Durch Hecken, Bäume, Kraterbeete, Sonnenfallen, Steinsetzungen und Teiche kann auch ein hoher Pflegeaufwand überflüssig werden. Wird ein Grundstück neu angelegt und liegt die Erde frei, darf die natürliche Sukzession (Pflanzenentwicklung) nicht unterschätzt werden. Zuerst kommen die Pionierpflanzen wie Disteln, Melde, Berufkraut, Klatschmohn, Kamille usw. Erst danach, nachdem diese einige Jahre abgefroren und verrottet sind, kommen Gras, Kräuter und evtl. Kleearten. Je nach Bodenbeschaffenheit. Wenn von Anfang an Gründüngesaaten verwendet werden, kann die Bodenreparatur beschleunigt werden und es kommt zu keinen „Verunkrautungen", derer man nur mehr schwer Herr wird. Jedenfalls kostet es umso mehr Mühe, wieder Kultur in so ein Grundstück zu bekommen. Lässt man es verwildern, dann ist auch dies schlecht für die Vielfalt, sowohl tierisch als auch pflanzlich. Um sich optimal zu entwickeln, braucht ein Garten Liebe, Fürsorge und eine gute Planung.

WOMIT BEGINNE ICH IN MEINEM GARTEN?

Das ist die meist gestellte Frage. So viele Infos und womit beginne ich jetzt?
Zum Üben eignen sich hervorragend Topfkulturen, geschützt an der Hauswand, im Hinterhof, auf Balkon und Terrasse. Schließlich muss man sich auch erst daran gewöhnen, dass hier regelmäßig etwas umsorgt werden möchte. Die ersten Pflanzen können getrost in einer Gärtnerei besorgt werden, nach anfänglicher Übung ist die Heranzucht eigener Pflanzen im Frühling durchaus reizvoll!
Die ersten Mischkulturerfahrungen sind in Mörtelwannen durchaus erfolgreich durchzuführen. In dieser Zeit, die man gewinnt, können im Garten Beobachtungen gemacht werden, wie z. B.:

- **Wo scheint die meiste Sonne hin?**
- **Wie heiß wird es dort, wo sich die Sonne anlehnt?**
- **Wo sind die Kälteecken im Garten?**
- **Wie und wo wären die Wege ideal?**
- **Wo kommt der Hauptwind her bzw. muss ich handeln, um den Wind zu bremsen?**
- **Welche Elemente möchte ich umsetzen im Garten bzw. helfen mir bei der Bewirtschaftung?**
- **Ist geeignetes Baumaterial vorhanden, bzw. wo bekomme ich es günstig und praktischerweise her?**
- **Wie viel möchte ich von was anbauen?**
- **Wie kann ich den Platz am besten ausnutzen?**
- **Spielen Kinder im Gartensystem eine Rolle?**
- **Sollen Tiere mit ins System?**
- **Wie sind Kreisläufe am besten zu schließen?**

Dabei sollte alles so praktisch wie möglich zu bewirtschaften sein, am besten noch mit wenig Aufwand zu bewässern aus gesammelten Ressourcen.
Wenn die Regeln der Zonierung und die Prinzipien mit beachtet werden, kann eigentlich nichts mehr schiefgehen!

„GÄRTNERN – EINE ARBEIT, DIE SICH ABSOLUT LOHNT!“

Am einfachsten ist es, sich einen Grundrissplan vorzunehmen, in dem die Elemente, die man haben möchte, maßstabsgetreu separat aufgezeichnet, ausgeschnitten und auf den Plan aufgelegt werden. Nun kann man verschieben, austauschen und, sobald man sich sicher ist über den Standort, dort aufkleben. Genauso wird mit Bäumen und Sträuchern verfahren. Ein Mischkulturplan gehört dann schon zur Detailplanung, gemäß dem Prinzip: Plane zuerst das Ganze, und dann das Detail.
Ist der Plan fertig durchdacht, was ruhig einige Wochen oder sogar ein ganzes Jahr in Anspruch nehmen darf, kann zur Tat übergangen werden.
Somit wünsche ich viel Freude beim Herausfinden, was man in Zukunft essen möchte und wie man sich sein Gartensystem denn vorstellen würde! Eine Arbeit, die sich absolut lohnt! Für sich selbst und für die Zukunft eures Grundstückes!

Wildblumen
+ Stauden

Mienbacher
Waldgarten.

Küchengarten, intensiv bewirtschaftet in Mischkultur, nach Süden ausgerichtet mit Behelfsüberdachung für die Tomaten.

NACHWORT

Ob ich ohne Garten leben könnte? Ich weiß es nicht. Mittlerweile brauche ich keinen festen Garten mehr, um glücklich leben zu können. Viele Projekte habe ich bereits unterstützt, in ganz Niederbayern stehen die Pflanzen verstreut, die ich einmal gepflanzt habe, viele Gartenprojekte haben davon bereits schon wieder den Besitzer gewechselt, das Schicksal ungewiss. Doch das Wissen um die Selbstversorgung und die Anlage eines Gartens kann einem keiner nehmen. Experimentier- und Lernflächen finden sich überall. Mein erster Garten hatte ganze 4 m^2 und war hochproduktiv! Am produktivsten finde ich die Gärten bis 100 m^2. Die Fläche, die ich jetzt seit über 10 Jahren im Mienbacher Waldgarten bewirtschafte, ist ca. 1,5 Hektar groß. Sie ist viel zu groß für nur eine Familie. Wenn mehr Menschen hier mitwirtschaften würden, könnten locker 10 Familien daraus versorgt werden. Da bin ich mir sicher. Doch so ist er Raum für Experimente, zum Lernen und Erfahrungen Sammeln meiner Permakulturstudenten und vor allen Dingen ein Garten, in dem man sich wohl und geborgen fühlen soll und Spaß bekommt, einiges davon nachzuahmen. Er ist auch eine Oase für die Wildtiere, was mir auch sehr wichtig ist. Fasanhennen beim Brüten zu begleiten, Feldhasen im Frühling wieder auf die freien Felder hinaushoppeln zu sehen, Haselmäuse zu beobachten, Eidechsen zu dressieren und dem Bussard ganz nah zu kommen. Pirole und Grünspechte zu hören und die ganze Vogelschar inkl. den neugierigen Rotkehlchen, Igel von der Igelstation zum Auswildern übernehmen zu können und mich mit Wanzen und Rosenkäfern zu unterhalten. Das macht mich einfach glücklich. Und dieses Glück zeige ich auch gerne her. Selbstversorgung aus dem Garten empfinde ich als keine Notwendigkeit, sondern als erfüllend und selbstverständlich. Es ist das Natürlichste auf der Welt und manchmal macht es mich traurig, erklären zu müssen, dass, wenn man eine Trockenbohne in die Erde steckt, eine Pflanze wächst, die wieder weitere Bohnenkerne hervorbringt. Dass wir Menschen bereits so weit weg von unserem Ursprung sind, das erschreckt mich oft. Umso

Hanne beim Erklären im Garten.

Gemischte Erntekiste eines Tages für die direkte Verarbeitung.

Erlebnis mit einer Zauneidechse während einer Führung mit einer Schulklasse im Garten.

mehr freut es mich, dass immer mehr Menschen wieder zurückfinden zu diesem kleinen Glück. Vielleicht aus gesundheitlicher, körperlicher und psychischer Notwendigkeit heraus, aber es spielt keine Rolle, wieso.

Meine Hoffnung liegt darin, euch mit diesem Buch etwas inspirieren zu können, ins Tun zu kommen. Steckt Samen in die Erde, aktiviert Kohle, sammelt Regenwasser und lernt die Wildkräuter kennen, die vor eurer Haustür wachsen. Es ist so einfach, einen Beitrag für euer und unser aller Wohl zu leisten.

Dankbar bin ich meinen Kindern für ihre Geduld mit mir. Kein Nutella haben sie von mir bekommen. Kein regelmäßiger McDonald's-Besuch und keine Süßigkeiten von bestimmten Markennamen. Kein Gemüse aus Spanien und keine Erdbeeren im Januar. Meine armen Kinder mussten sich mit dem begnügen, was in meinem Garten wuchs, und zwar genau zu der Zeit, in der es wuchs. Da hieß es, die Fülle nutzen, wenn sie da war. Denn außerhalb der Zeit wurden auch keine Gurken und Tomaten gekauft. Auch Bananen gab es nicht. Und was soll ich sagen, sie haben es überlebt! Sehr gut sogar.

Wenn ihr gerne mehr von mir lesen wollt, so schaut doch mal in meinen Blog oder besucht einen meiner Kurse oder Führungen im Mienbacher Waldgarten. Ihr findet mich sehr leicht im Internet. Ebenso meine Kolleginnen und Kollegen von der Permakulturinitiative Ostbayern oder Permakultur Bayern. Wir helfen euch gerne weiter, ein zukunftsfähiges enkeltaugliches Selbstversorgerprojekt auf die Beine zu stellen.

BILDNACHWEISE

Hannelore Zech: S. 13, S. 14, S. 17, S. 18, S. 19, S. 20, S. 21, S. 22, S. 24, S. 26 Hängematte, S. 27 Erdkröte, S. 30, S. 31 rechts, S. 32/33; S. 35, S. 37, S. 38/39 oben und rechts, S. 40, S. 41, S. 42, S. 43, S. 44, S. 45, S. 47, S. 54 unten, S. 55, S. 56, S. 57, S. 58, S. 59, S. 60, S. 61 links unten, S. 63, S. 64 Eidechse und Würmer, S. 65 links Wurmfarm, S. 67, S. 68, S. 70 oben und Solardörrer innen, S. 73, S. 74, S. 75, S. 76 rechts, S. 78, S. 80 unten, S. 81, S. 83, S. 84, S. 85 links oben, S. 90, S. 91, S. 92, S. 95 oben, S. 96, S. 97, S. 99, S. 100, S. 101, S. 107, S. 108, S. 109, S. 110, S. 111, S. 112 links unten, S. 113, S. 115, S. 116 links oben, S. 117 rechts oben, S. 120 oben, S. 121, S. 122, S. 123, S. 127, S. 128, S. 131, S. 135, S. 136, S. 139, S. 141, S. 144, S. 145, S. 146, S. 147, S. 148, S. 155, S. 156

Ulrike Klinger-Barta: S. 5, S. 23, S. 26 oben, S. 27 oben, S. 29, S. 31 links oben, S. 46, S. 51, S. 53, S. 54 oben, S. 60 Schwebfliege, S. 61 rechts unten, S. 70 Solardörrer, S. 85 rechts oben, S. 87, S. 88/89, S. 95 unten, S. 98, S. 102, S. 104, S. 112 rechts unten, S. 114, S. 118/119, S. 129, S. 130, S. 132/133, S. 150, S. 151

Lisa Leuoth: S. 9, S. 10, S. 11, S. 12, S. 48/49, S. 50, S. 60 Eidechse, S. 62, S. 65 rechts Intensivkompost, S. 66 Intensivkompost, S. 70 Pizza im Ofen, S. 71, S. 72, S. 80 oben, S. 93, S. 120 links unten, S. 125, S. 134, S. 138, S. 140, S. 142, S. 143

Sabrina Wagner: S. 64 Steinpyramide, S. 66 Extensivkompost

Susanne Hansch: S. 38 links unten, S. 39, S. 126, S. 152/153, S. 154

Franz Bodmaier: S. 76 rechts oben

Pixabay: S. 116 Waldmeister, S. 117 Ysop

AdobeStock: Titelabbildung, Zeichnungen

Bücher für Bayern
aus Liebe zur Heimat

Dietmar Fiebrandt
Gemüse haltbar machen durch Fermentieren
Immunsystem stärken durch gesunde Ernährung
2. Auflage 2020, 160 Seiten, Hardcover
ISBN 978-3-95587-763-7 · Preis: 19,90 €

Markusine Guthjahr
Die Speisekammer der Natur
Kochen im Einklang mit den Jahreszeiten
Gemüse · Kräuter · Früchte
1. Auflage 2020, 192 Seiten, Hardcover
ISBN 978-3-95587-074-4 · Preis: 19,95 €

Waltraud Witteler & Maria Flor
Waltrauds Waldgeflüster
Geheimnisse der kreativen Pilzküche
1. Auflage 2020, 176 Seiten, Hardcover
ISBN 978-3-95587-069-0 · Preis: 19,90 €

Norbert Griesbacher
Schwammerlsuche in Bayern
Heimische Speisepilze sammeln, bestimmen und verarbeiten,
Giftpilze sicher erkennen!
3. Auflage 2019, 200 Seiten, Broschur
ISBN 978-3-95587-739-2 · Preis: 14,90 €

Heimat
battenberg
gietl verlag

Pfälzer Straße 11 | 93128 Regenstauf
Tel. 0 94 02/93 37-0 | Fax 0 94 02/93 37-24
E-Mail: info@battenberg-gietl.de

Heimat
battenberg
gietl verlag

Volker Zahner, Markus Schmidbauer,
Gerhard Schwab & Christof Angst
Der Biber
Baumeister mit Biss
1. Auflage 2020, 192 Seiten, Format 23,5 x 26,5 cm, Hardcover
ISBN 978-3-95587-755-2 · Preis: 29,90 €

John Mihopulos
Faszination bayerische Vogelwelt
Die Leidenschaft Vögel zu fotografieren
1. Auflage 2020, 144 Seiten, Format 28 x 21 cm, Hardcover
ISBN 978-3-95587-764-4 · Preis: 24,90 €

Berndt Fischer
Wildfremd
Geheimnisse zwischen Bayern und Böhmen
1. Auflage 2020, 176 Seiten, Format 30,3 x 24 cm, Hardcover
ISBN 978-3-95587-075-1 · Preis: 29,90 €

Steffen Krieger
Die Schönheit des Augenblicks
Natur im Nationalpark Bayerischer Wald
1. Auflage 2018, 176 Seiten, Format 27 x 24 cm, Hardcover
ISBN 978-3-86646-786-6 · Preis: 29,90 €

Heimat
battenberg
gietl verlag

Pfälzer Straße 11 | 93128 Regenstauf
Tel. 0 94 02/93 37-0 | Fax 0 94 02/93 37-24
E-Mail: info@battenberg-gietl.de

Folgen Sie uns auch
auf Facebook, Instagram
und Pinterest!

Das komplette Programm mit Leseproben finden Sie in unserem Online-Shop unter: **www.battenberg-gietl.de**

Cornelia Müller
Wildkräuter, Handarbeit & Brauchtum
Alte Rezepte, Handwerkstechniken & kreative Ideen
1. Auflage 2020, 192 Seiten, Format 22 x 20,5 cm, durchgehend farbig, Hardcover
ISBN 978-3-95587-077-5 · Preis: 19,90 €

Die Natur schenkt uns so viel – wir brauchen es nur anzunehmen

Immer in Eile, ständig unterwegs, von einem Termin zum nächsten. In der Hektik unseres Alltags vergessen wir oft, auch einmal innezuhalten. Durchzuatmen. Uns zu erden. Und nicht zuletzt: uns auf das Einfache, das Natürliche zurückzubesinnen. Den Kontakt zur Natur wiederherzustellen. Anzunehmen, was sie uns schenkt. Kräuterkunde, alte Handarbeits- und Basteltechniken, kreative Rezepte: Erwachsen aus den sogenannten Spinnstub'n-Abenden in der nördlichen Oberpfalz, vereint dieses Büchlein tolle Ideen, Inspirationen und Anleitungen: von Wurzelpunsch und Fichtendressing über Kräuterkissen oder Bienenwachstücher bis hin zu natürlichen Salben – der Kreativität sind keine Grenzen gesetzt. Wundervolle Ideen, Inspirationen & Anleitungen für Sie zuhause!

Faszination Kräuterwissen
1. Auflage 2019, 224 Seiten, Format 14,8 x 21 cm, durchgehend farbig, Hardcover
ISBN 978-3-95587-067-6
Preis: 19,90 €

Annette Knell
Einfach gsund mit Kräutermedizin
1. Auflage 2019, 184 Seiten, Format 14,8 x 21 cm, durchgehend farbig, Broschur
ISBN 978-3-95587-745-3
Preis: 17,90 €

Nudel-Kreationen aus dem Rottal, hopfige Spirituosen- und Schokoladenspezialitäten aus der Hallertau, Naturseifen, Zigarren, schmiedeeiserne Pfannen, Glaskunst oder Ledergürtel aus dem Bayerwald – die Palette der handgemachten Erzeugnisse aus Niederbayern ist riesig. Und nicht selten haben die Menschen, die diese Produkte herstellen, ihre Passion zum Beruf gemacht. Christine Hochreiter hat sich auf die Suche nach Manufakturen begeben, die sich als Gegenentwurf zur industriellen Massenfertigung verstehen und deren – oft überraschend junge – Inhaber eine genaue Vorstellung von Produktqualität und Nachhaltigkeit haben. Wenn es nicht gerade Nahrungsmittel sind, produzieren sie am liebsten „fürs Leben".

Christine Hochreiter
Manufakturen in Niederbayern
Von der Liebe zu handgemachten Dingen
1. Auflage 2021, ca. 160 Seiten,
Format 13,5 x 20,5 cm,
durchgehend farbig, Klappenbroschur
ISBN 978-3-95587-771-2 · Preis: 17,90 €

Jürgen Schuller
Faszinierende Bäume in der Oberpfalz
Baumgeschichte(n) · Biologie · Mythologie
1. Auflage 2020, 152 Seiten, Format 21 x 28 cm,
durchgehend farbig, Hardcover
ISBN 978-3-95587-071-3 · Preis: 24,90 €

Entdecken Sie die faszinierende Baumwelt der Oberpfalz!

Wissen Sie, mit welch ausgeklügelten Strategien Bäume gegen die Gebrechen des Alters kämpfen? Oder wieso wir eigentlich dem französischen König Ludwig XIV. die älteste Eichenallee Nordbayerns verdanken?
In der Oberpfalz gibt es ganz besondere Baumpersönlichkeiten. In diesem Buch stellt sie Ihnen der Autor in eindrucksvollen Fotografien vor und Sie erfahren Wissenswertes aus Biologie, Geschichte und Mythologie – und warum der älteste Baum im Landkreis Regensburg eine Dame ist …

Waltraud Witteler &
Maria Flor
Waltrauds Waldgeflüster
1. Auflage 2020, 176 Seiten,
Format 17 x 24 cm,
durchgehend farbig, Hardcover
ISBN 978-3-95587-069-0
Preis: 19,90 €

Norbert Griesbacher
Schwammerlsuche in Bayern
3. Auflage 2019, 200 Seiten,
Format 12,5 x 19 cm,
durchgehend farbig, Broschur
ISBN 978-3-95587-739-2
Preis: 14,90 €

Mit schönen Gärten aus allen Landkreisen

Gertraud Anna Portner
Oberpfälzer Gartenglück
Hobbygärtnern ins Beet geschaut
1. Auflage 2021, ca. 160 Seiten, Format 21 x 24 cm, durchgehend farbig, Hardcover
ISBN 978-3-95587-081-2 · Preis: 24,90 €

Garteln, wie man in der Oberpfalz gerne zur Gartenarbeit sagt, liegt auch bei jungen Familien im Trend. Home-Office und Kurzarbeit verstärken diese Entwicklung. Das Buch „Oberpfälzer Gartenglück – Hobbygärtnern ins Beet geschaut" ist ein informativer Ratgeber, reizvoller Bildband und kurzweiliges Lesebuch mit vielen Inspirationen und Tipps für Anfänger und Fortgeschrittene.

In über 20 Gartenreportagen erzählen die Besitzer, wie sie aus ihrem Grundstück ein ganz persönliches Paradies geschaffen haben. Die Vielfalt ist beeindruckend: vom kleinen Stadtgarten mit Kübelpflanzen bis zum Parkgarten mit Schwimmteich, vom Bauerngarten zur Selbstversorgung bis zum zertifizierten Naturgarten.

Die meisten vorgestellten Anwesen haben eines gemeinsam: Sie haben sich schon einmal am „Tag der offenen Gartentür" des Bezirksverbands für Gartenbau und Landespflege Oberpfalz beteiligt. Freuen Sie sich also auf ein Wiedersehen mit Hobbygärtnern aus allen sieben Landkreisen und auf jede Menge kreative Ideen für den Zier- und Nutzgarten. Beiträge von sieben Kreisfachberatern an den Landratsämtern runden diesen privaten Gartenblick mit jeweils einem fachlichen Thema ab. Hier gibt es Interessantes zum Einfluss des Klimawandels auf die Pflanzenauswahl oder auch über „Kinder im Hausgarten" zu erfahren.

IM EINKLANG MIT DER NATUR

Einfach g'sund mit Kräutern & Gemüse!

Dietmar Fiebrandt
Gemüse haltbar machen durch Fermentieren
Immunsystem stärken durch gesunde Ernährung
2. Auflage 2020, 160 Seiten
ISBN 978-3-95587-763-7
Preis: 19,90 €

Markusine Guthjahr
Die Speisekammer der Natur
Kochen im Einklang mit den Jahreszeiten
Gemüse · Kräuter · Früchte
1. Auflage 2020, 192 Seiten
ISBN 978-3-95587-074-4
Preis: 19,95 €

Ursula Gaisa
Vegetarische Schmankerl für 5 Jahreszeiten
Raffinierte regionale und saisonale Rezepte
1. Auflage 2019, 152 Seiten
ISBN 978-3-86646-341-7
Preis: 19,90 €

Format 17 x 24 cm, durchgehend farbig, Hardcover

Ein kleines grünes Paradies vor der Haustür haben, das nicht nur schön aussieht, sondern auch satt macht – klingt das nicht wunderbar? Mithilfe von Permakultur können Sie Ihren Garten (oder auch Ihren Balkon) in ein tolles Selbstversorger-Biotop verwandeln, das Ihnen das ganze Jahr über viele feine Dinge schenkt. Knackiges Gemüse, Wildkräuter, frisches Obst: ein wahrer Garten Eden! Und nicht nur Sie, sondern auch unsere heimischen Nützlinge können sich daran erfreuen. Dieses Buch zeigt Ihnen, wie einfach ökologisches, nachhaltiges Gärtnern im Einklang mit der Natur ist!

Hannelore Zech
Alles aus dem eigenen Garten
Ganzjährig selbstversorgt mit Permakultur
1. Auflage 2021, ca. 160 Seiten, Format 17 x 24 cm, durchgehend farbig, Hardcover
ISBN 978-3-95587-775-0 · Preis: 19,90 €

Alte, vergessene Rezepte für Wildgerichte
Jagd und Wilderei im Bayerischen Wald

Die Jagd und die Zubereitung der erlegten Beute sind von Anbeginn der Menschheitsgeschichte bis in unsere Zeit eng miteinander verbunden. Dieses Buch gibt zunächst einen Überblick über die Jagd ganz allgemein und speziell im Bayerischen Wald. Daraufhin präsentiert der Verfasser alte, in Vergessenheit geratene Rezepte, wie sie in der Zeitspanne von Mitte des 19. bis Mitte des 20. Jahrhunderts im Bayerischen Wald für die Zubereitung von verschiedenen Wildgerichten üblich waren. Reich bebildert gewährt das Buch darüber hinaus einen Einblick in das entbehrungsreiche Leben der Menschen in diesem Landstrich. Ein umfangreiches Kapitel wird der Wilderei im Bayerischen Wald gewidmet, denn zwischen 1848 und 1948 trieben auffällig viele Wilderer ihr Unwesen in den weiten Grenzwäldern.

Rupert Berndl · **Rehragout und Schnepfendreck**
1. Auflage 2020, 176 Seiten
ISBN 978-3-95587-767-5 · Preis: 24,90 €

Rupert Berndl
Brennsuppn und Erdäpfel
5. Auflage 2019, 160 Seiten
ISBN 978-3-89682-201-7
Preis: 19,90 €

Rupert Berndl
Kartoffelsterz und Hollerkoch
2. Auflage 2019, 144 Seiten
ISBN 978-3-86646-701-9
Preis: 24,90 €

Inge Häußler
Großes Oberpfälzer Kartoffelkochbuch
7. Auflage 2020, 248 Seiten
ISBN 978-3-86646-309-7
Preis: 19,90 €

Format 17 x 24 cm, durchgehend farbig, Hardcover

♥ Knödel-Liebe ♥ Rundes Glück ♥

Zahlreiche neue Rezepte mit „Lieblingsknödel-Potenzial" und Knödel-Klassiker, die jeder schätzt

Hans Bauer & Sandra Leitner
Knödellust herzhaft & süß
So schmeckt Glückseligkeit
1. Auflage 2021, ca. 160 Seiten, Format 17 x 24 cm, durchgehend farbig, Hardcover
ISBN 978-3-95587-776-7 · Preis: 24,90 €

Der Knödel – meist spielt er in Gerichten nur eine Nebenrolle. Dabei kann er soviel mehr sein als nur Beilage! In diesem Kochbuch brilliert der Knödel in seiner Rolle als Hauptdarsteller so richtig … Italienische, österreichische, asiatische, orientalische und natürlich zahlreiche regionale Einflüsse machen die Rezepte in diesem Buch zu echten kulinarischen Offenbarungen. Feinste Gerichte, in denen der Knödel mehr ist als nur „a runde Sach'"!

Bayerische Mehlspeisen zum Genießen mit allen Sinnen

Schon die Vorstellung von Kaiserschmarrn, Marillenbuchteln oder Reiberdatschi wärmt den Bauch, bringt Wohlgefühl und erinnert an Gerüche, Geschmack und Erlebnisse aus der Küche der Kindheit. Schön, wenn man sich diesen Schatz unserer bayerischen Küchenkultur aneignen, genießen und weitergeben kann. Freude am Kochen und Genuss beim Essen tun Leib und Seele gut!

Irmi Hofmann · **Bayerische Mehlspeisen**
3. Auflage 2020, 160 Seiten,
Format 17 x 24 cm, durchgehend farbig, Hardcover
ISBN 978-3-95587-730-9 · Preis: 19,90 €

Kouchn, Köichla, Kipfala
Oberpfälzer Brauchtumsbackbuch quer durchs Jahr
3. Auflage 2016, 160 Seiten
ISBN 978-3-935719-77-3
Preis: 19,95 €

Spouzn, Schoppala & Schwammerbröih
Althergebrachte und neue Oberpfälzer Küchengeheimnisse, 8. Auflage 2016, 160 Seiten
ISBN 978-3-95587-024-9
Preis: 19,95 €

Erdäpfl, a so a Freid
Neue und alte Kartoffelrezepte aus der Oberpfalz
2. Auflage, 176 Seiten
ISBN 978-3-935719-95-7
Preis: 19,95 €

Format 17 x 24 cm, durchgehend farbig, Hardcover

KARTENSPIELEN

mit Erich Rohrmayer

je 80 Seiten, Format 17,5 x 11,5 cm, durchgehend farbig illustriert, Broschur mit Spiralbindung und Umschlag, Preis: 9,95 €

Lerne Schafkopfen
7. Auflage 2018
ISBN 978-3-95587-009-6

Lerne Watten, 2. Auflage 2016
ISBN 978-3-95587-017-1

Lerne Skat, 1. Auflage 2016
ISBN 978-3-95587-035-5

Schafkopfen mit der langen und der kurzen Karte
1. Auflage 2020, 88 Seiten, Format 20,5 x 13,5 cm, durchgehend farbig, Broschur mit Drahtkammbindung
ISBN 978-3-95587-070-6 · Preis: 14,90 €

Lerne Böhmisch Watten & Grasobern
1. Auflage 2017
ISBN 978-3-95587-056-0

Die schönsten Wirtshäuser unserer Region!

Format 17 x 24 cm, durchgehend farbig, Hardcover, Preis: 19,90 €

Heidi Eichner & Christian Baier
Die schönsten Wirtshäuser in Landshut und Umgebung
1. Auflage 2018, 200 Seiten
ISBN 978-3-95587-720-0

Kristina Sandig
Die schönsten Wirtshäuser in Amberg und Umgebung
1. Auflage 2017, 200 Seiten
ISBN 978-3-95587-047-8

Kerstin & Dima
Die schönsten Wirtshäuser in Straubing und Umgebung
1. Auflage 2017, 240 Seiten
ISBN 978-3-86646-776-7

Manfred Probst
Die schönsten Wirtshäuser in Passau und Umgebung
1. Auflage 2016, 232 Seiten
ISBN 978-3-86646-754-5

Josef Roidl & Barbara Zierer
Die schönsten Wirtshäuser in Regensburg und Umgebung
3. Auflage, 296 Seiten
ISBN 978-3-86646-572-5

Wolfgang Benkhardt
Der Zoigl
Bierkult aus der Oberpfalz
ISBN 978-3-935719-92-6
Preis: 19,95 €

„Wo geh' ma denn heit zum Essen hi?"

Diese Entscheidung können wir Ihnen nicht abnehmen, aber wir können Ihnen die Suche etwas erleichtern. Unsere Wirtshausbücher geben Ihnen Tipps, um für jede Gelegenheit die geeignete Lokalität zu finden. Vom Traditionsbetrieb über den urigen Geheimtipp bis hin zu gehobenen Häusern gibt es für jeden Geschmack und Anlass das passende Gasthaus. Lassen Sie sich auf einen kulinarischen Ausflug durch unsere vielfältige und abwechslungsreiche Wirtshauskultur entführen, denn: Essen und Trinken hält Leib und Seele zusammen.

Titelfoto: Uschi Gillitzer

Nur echt mit dem SCHWEINS-BRATEN-INDEX!

Gabriele Kiesl & Christian Greller
Die schönsten Wirtshäuser in Stadt und Landkreis Cham
1. Auflage 2021, ca. 180 Seiten, Format 17 x 24 cm, durchgehend farbig, Hardcover
978-3-95587-076-8 · Preis: 19,90 €

Am Ende eines Regenbogens stößt man ja bekanntlich auf einen Schatz. Kein Wunder also, dass man die schöne Kreisstadt Cham die „Stadt am Regenbogen" nennt. Denn dort sind wirklich wahre Schätze zu finden – und zwar in Gestalt von wunderbar urigen Wirtshäusern!

In der Stadt selbst, aber auch im gesamten Chamer Landkreis kann man sich an altbayerischer Wirtshauskultur erfreuen. Ganz gleich, ob man durch die hiesigen Städte und Dörfer spaziert, den Regen entlangwandert oder durch die heimischen Wälder radelt: Gemütliche Gaststuben, schattige Biergärten und historisch wertvolle Räumlichkeiten laden Sommer wie Winter zum Einkehren ein. Traditionell, bodenständig, gemütlich – einfach „schee"!

Christian Baier & Heidi Eichner
Frühstücken in Landshut
Eine kulinarische Reise durch die Stadt
1. Auflage 2020, 176 Seiten,
Format 13,5 x 20,5 cm,
durchgehend farbig, Broschur
ISBN 978-3-95587-760-6
Preis: 17,90 €

Manche Menschen lieben es üppig, anderen reicht eine Tasse Kaffee, es gibt die Marmeladen-Liebhaber und die Verfechter der Wurst: Die Rede ist vom Frühstück. Ob nun mitten in der historischen Altstadt von Landshut, in geschichtsträchtigen Gebäuden oder in kleinen, versteckten Cafés in den Gassen: Jeder kann hier sein Lieblingslokal und -frühstück finden.

Stefanie Bruder (Hg.)
Wir Kinder aus BUL …
1. Auflage 2019, 144 Seiten,
Format 12,5 x 19 cm,
durchgehend farbig, Broschur
ISBN 978-3-86646-381-3
Preis: 14,90 €

Eva Janik & Marion Lanzl
Frühstücken in Regensburg
Eine kulinarische Reise durch die Domstadt
1. Auflage 2019, 176 Seiten,
Format 13,5 x 20,5 cm,
durchgehend farbig, Broschur
ISBN 978-3-86646-376-9
Preis: 17,90 €

In ihrem Frühstücksführer stellen die Autorinnen ihre persönlichen Frühstückstipps und damit rund 30 kleine und große, alteingesessene und junge Frühstückslokale in der Regensburger Altstadt vor. Mit kleinen Geschichten rund um die Räumlichkeiten, verführerischen Bildern und dem „Espresso-Index" ist das Buch ein nützlicher Begleiter in der Handtasche, aber ebenso ein tolles Geschenk für Ihre liebste Frühstücksbegleitung!

Andrea Steinbach (Hg.)
Regensburg mit Kindern entdecken
1. Auflage 2016, 216 Seiten,
Format 12,5 x 19 cm,
durchgehend farbig, Broschur
ISBN 978-3-86646-335-6
Preis: 14,90 €

Format 13,5 x 20,5 cm, durchgehend farbig, Broschur, Preis: 16,90 €

Wolfgang Benkhardt (Hg.)
Ausflüge in der Region Oberpfalz
2. Auflage 2020, 184 Seiten
ISBN 978-3-95587-072-0

Wolfgang Benkhardt (Hg.)
Noch mehr Ausflüge in der Region Opf.
1. Auflage 2019, 184 Seiten
ISBN 978-3-95587-068-3

Format 14,8 x 21 cm, durchgehend farbig, Broschur

Manfred Renner
Schöne Beine für alle
1. Auflage 2020, 120 Seiten
ISBN 978-3-95587-759-0 · Preis: 14,90 €

Dr. med. Bernadette Donath &
Dr. med. Andreas Kammermeier
Wenn's zwickt und beißt
1. Auflage 2020, 168 Seiten
ISBN 978-3-95587-761-3 · Preis: 17,90 €

Wandern, wo die Sonne lacht!

Dieser Wanderführer lädt ein, herrliche Aussichten, lauschige Plätze und die schöne Natur in den Regionen Sonnenwald und Lallinger Winkel im Bayerischen Wald zu entdecken. Das Buch stellt auf attraktiven Rundwegen die vielfältige Landschaft vor und führt zu kulturellen Kleinoden. Neben Wanderungen zu den angesagten Bergen Brotjacklriegel und Königstein gibt es weitere reizvolle Touren: Auf dem Steinbruchsteig am murmelnden Wasser entspannen, bei einer aussichtsreichen Wald- und Wiesenrunde über bunte Blumenwiesen staunen oder in einem Naturwald dem Werden und Vergehen nachspüren – jede Wanderung entführt in ein kleines Paradies. Jede Tour enthält eine ausführliche Wegbeschreibung, Informationen zu Länge und Gehzeit, eine Wanderkarte mit Höhenprofil sowie Tipps zu Einkehrmöglichkeiten. Viele aussagekräftige Fotos machen Lust, die Wanderschuhe zu schnüren.

Sonja Berndl
Wanderführer Lallinger Winkel und Sonnenwald
Die schönsten Touren zwischen Deggendorf und Schönberg
1. Auflage 2021, ca. 144 Seiten,
Format 13,5 x 20,5 cm,
durchgehend farbig,
Broschur mit Drahtkammbindung
ISBN 978-3-95587-770-5 · Preis: 16,90 €

Klassiker und echte Geheimtipps – Wandern abseits von ausgetretenen Pfaden zwischen Straubing und Waldmünchen.

Der Vordere und der Obere Bayerische Wald sind zwei der schönsten Wandergebiete in den deutschen Mittelgebirgen. Herrliche Rundwege über Hügel und Berge und traumhafte Touren an kleinen Bächen laden zu fantastischen Wanderungen ein. Neben den Klassikern, wie einer Tour über den imposanten Gibacht oder in die steinreiche Hölle, findet man in diesem Wanderführer auch sehr viele Rundwege abseits der ausgetretenen Pfade. Genießen Sie den traumhaften Ausblick vom Zwirenzel, die romantische Burgruine Sengersberg oder eine Tour über den mystischen Lauberberg. Entdecken Sie einsame Regionen und lassen Sie sich von ihren Besonderheiten begeistern. Die vorgeschlagenen Touren sind abwechslungsreich und bieten für jeden Wanderer das Passende.

Uwe Stanke
Wanderführer Straubing · Roding · Cham
Die schönsten Touren zwischen
Straubing und Waldmünchen
1. Auflage 2021, ca. 144 Seiten,
Format 13,5 x 20,5 cm,
durchgehend farbig,
Broschur mit Drahtkammbindung
ISBN 978-3-95587-768-2 · Preis: 16,90 €

Uwe Stanke
Wanderführer Straubing-Bogen
Die schönsten Touren zwischen Straubing und Sankt Englmar
1. Auflage 2020, 144 Seiten
ISBN 978-3-95587-757-6

Gerhard Besenhard
Wanderführer Regental
Die schönsten Touren zwischen Regenstauf und Nittenau
3. überarbeitete und erweiterte Auflage 2020, 128 Seiten
ISBN 978-3-95587-073-7

Gerhard Besenhard
Wanderführer südliches Naabtal
Die schönsten Touren zwischen Kallmünz und Naabeck
1. Auflage 2019, 120 Seiten
ISBN 978-3-95587-059-1

Format 13,5 x 20,5 cm, durchgehend farbig, Broschur mit Drahtkammbindung, Preis: 16,90 €

WIR ♡ WANDERN

Rein in die Wanderstiefel, raus aus der Haustür – und es kann losgehen! An den idyllischen Ufern von Naab oder Regen entlang, über den weichen, wurzeligen Waldboden des Bayerischen Waldes, vorbei an den schroffen Hängen des Oberpfälzer Jura, den Gipfeln entgegen: unsere Heimat ist ein Paradies für Wanderer!
Mit dem Natur- und Landschaftsführer Gerhard Besenhard sowie dem Goldsteig-Wegemanager Uwe Stanke konnten wir zwei absolute Experten gewinnen, deren Wanderführer Sie durch unsere schöne Region begleiten sollen und Sie zu bekannten Gipfeln ebenso führen wie zu unbekannten Schmankerln abseits der ausgetretenen Pfade. Die Touren sind abwechslungsreich und lassen jedes Wandererherz höher schlagen. Für alle Gipfelstürmer, Naturliebhaber und Entdecker!

Ein P-Seminar-Wanderführer
Natur erleben rund um Parsberg
1. Auflage 2018, 144 Seiten,
Format 13,5 x 20,5 cm,
durchgehend farbig, Broschur
ISBN 978-3-86646-355-4
Preis: 14,90 €

V. Zahner, M. Schmidbauer,
G. Schwab & C. Angst
Der Biber · Baumeister mit Biss
1. Auflage 2020, 192 Seiten,
Format 23,5 x 26,5 cm,
durchgehend farbig, Hardcover
ISBN 978-3-95587-755-2
Preis: 29,90 €

Marco Heurich & Friedrich Sinner
Der Luchs
Die Rückkehr der Pinselohren
140 Seiten, Format 26 x 24 cm
ISBN 978-3-935719-66-7
früher: ~~24,95 €~~

John Mihopulos
Faszination bayerische Vogelwelt
Die Leidenschaft Vögel zu fotografieren
1. Auflage 2020, 144 Seiten, Format 28 x 21 cm,
durchgehend farbig, Hardcover
ISBN 978-3-95587-764-4 · Preis: 24,90 €

John Mihopulos ist ein wahrer Meister der Natur- und Tierfotografie. Er beobachtet seit Jahren das Verhalten von Vögeln, ihre Lebensweise und ihre speziellen Eigenschaften. Mit seinen einzigartigen Bildern, die in bester Qualität, mit aufwendiger Technik und großer Detailverliebtheit aufgenommen wurden, möchte er dem Betrachter die Schönheit und Zerbrechlichkeit der Natur nahebringen.
Tauchen auch Sie mit diesem faszinierenden Bildband in die wunderbare und magische Welt der Vögel ein und betrachten Sie deren Leben aus einer 360°-Perspektive.
Vielleicht animiert Sie dieses Buch darüber hinaus, beim nächsten Spaziergang dem Zwitschern der Vögel zu lauschen oder den einen oder anderen Vogel selbst zu fotografieren.

Unsere Heimat in beeindruckenden Bildern

Berndt Fischer · **Wildfremd**
Geheimnisse zwischen Bayern und Böhmen
1. Auflage 2020, 176 Seiten, Format 30,3 x 24 cm,
durchgehend farbig, Hardcover
ISBN 978-3-95587-075-1 · Preis: 29,90 €

Der renommierte Fotograf und Autor Berndt Fischer eröffnet dem Betrachter den Blick auf heimliches und kostbares Leben in Wald und Wiese, Moor und Heide.
Die vielfältigen Landschaften entlang der bayerisch-tschechischen Grenze und deren Naturgeheimnisse sind wie Bühnenbilder in Szene gesetzt, in perfekter Ästhetik und Symbolik.
In feinsinnigen Texten und einzigartigen Fotografien spürt der Autor, Zeit seines Lebens intimer Kenner des Grenzlandes, dem Wesen der archaischen, grenzenlosen, wilden und anmutigen Natur nach.

Wolfgang Benkhardt &
Siegfried Steinkohl
Steinreich –
Naturpark Steinwald
1. Auflage 2020, 128 Seiten,
Format 27 x 24 cm,
durchgehend farbig, Hardcover
ISBN 978-3-95587-079-9
Preis: 19,90 €

Steffen Krieger
Die Schönheit
des Augenblicks
Natur im Nationalpark
Bayerischer Wald
1. Auflage 2018, 176 Seiten,
Format 27 x 24 cm,
durchgehend farbig, Hardcover
ISBN 978-3-86646-786-6
Preis: 29,90 €

Berndt Fischer
Das Grüne Dach Europas
144 Seiten,
Format 27 x 24 cm,
durchgehend farbig,
Hardcover
ISBN 978-3-935719-85-8
früher: ~~24,95 €~~

Bildbände von Kai Ulrich Müller

Faszination Oberpfalz
Bildband inklusive DVD
mit Luftaufnahmen
1. Auflage 2019, 208 Seiten,
Format 24 x 32 cm,
durchgehend farbig, Hardcover
ISBN 978-3-95587-045-4
Preis: 34,90 €

Der renommierte Profifotograf Kai Ulrich Müller präsentiert uns unsere Heimat in einem wahrlichen Kunstwerk der Fotografie. Jedes Bild fesselt den Betrachter, weckt Emotionen und bestätigt jedem Oberpfälzer: Dahoam is' am scheensten!

Faszination
Bayerischer Wald
1. Auflage 2016, 244 Seiten,
Format 24 x 32 cm,
durchgehend farbig, Hardcover
ISBN 978-3-86646-750-7
Preis: 29,90 €

Erleben Sie die ganze Vielfalt des Bayerischen Waldes: faszinierende Landschaften, nebelverhangene Berge, stille Bergseen und einsame Moore, geschichtsträchtige Städte, eine artenreiche Tier- und Pflanzenwelt sowie die lebendige und traditionsreiche ostbayerische Kultur.

Faszination Heimat –
Schwandorf ·
Stadt und Landkreis
1. Auflage 2020, 144 Seiten,
Format 21 x 29,7 cm,
durchgehend farbig, Hardcover
ISBN 978-3-86646-388-2
Preis: 29,90 €

Der Landkreis Schwandorf ist mit seinen wundervollen Wanderpfaden, mittelalterlichen Städtchen, romantischen Burgruinen und tiefblauen Seen ein absoluter Geheimtipp für alle, die auf der Suche nach der „echten" Oberpfalz sind. Und für seine Bewohner ist er schlichtweg eins: „a Stückerl Heimat". Als traditionsreicher Industriestandort und Region mit bewegter Geschichte kann sich das Schwandorfer Land selbstbewusst als das präsentieren, was es ist: ein echtes Herzstück der Oberpfalz.

Franz X. Bogner
Stadt und Landkreis Amberg und Sulzbach aus der Luft
1. Auflage 2019, 192 Seiten,
Format 21 x 28 cm,
durchgehend farbig, Hardcover
ISBN 978-3-95587-066-9
früher: ~~29,90 €~~

Reise durch die Zeit

Gabriele Kiesl & Uschi Gillitzer
Cham und Umgebung – Gestern und heute
1. Auflage 2019, 128 Seiten,
Format 22 x 21 cm,
durchgehend farbig, Hardcover
ISBN 978-3-95587-051-5 · Preis: 19,90 €

Neuer Preis:
9,90 €

Otmar Fritz
Regensburg
Ein Stadtspaziergang in historischen Fotos
1. Auflage 2018, 112 Seiten, Format 24 x 20 cm
durchgehend farbig, Hardcover
ISBN 978-3-86646-365-3 · früher: ~~19,90 €~~

Julia Knoll & Peter Milic
Regensburg in historischen Bildern, Bd. 1
Straßen, Gassen und Plätze auf Ansichtskarten
128 Seiten, Format 22 x 20,5 cm, Hardcover
ISBN 978-3-86646-324-0 · Preis: 14,90 €

Julia Knoll & Peter Milic
Regensburg in historischen Bildern, Bd. 2
Gebäude und Bauwerke auf Ansichtskarten
1. Auflage 2016, 136 Seiten,
Format 22 x 20,5 cm, Hardcover
ISBN 978-3-86646-346-2 · Preis: 14,90 €

Die Volksschule – in diesem Teil wurden die Buben unterrichtet.
Foto: Horst Dill, Stadtmuseum

Der Gillamoos 1968 – die „Standl" waren alle noch in der Mitte angeordnet.
Foto: Horst Dill, Stadtmuseum Abensberg

Die Weinbergerstraße mit Blick zum Regensburger Tor.
Foto: Horst Dill, Stadtmuseum Abensberg

Ulrike Holzapfel
Abensberg in den 60er und 70er Jahren
1. Auflage 2020, 200 Seiten, Format 22 x 20,5 cm, schwarz-weiß bebildert, Hardcover
ISBN 978-3-86646-393-6 · Preis: 19,90 €

Abensberg in den 60er und 70er Jahren nimmt Sie mit auf einen Spaziergang zurück in die Vergangenheit der kleinen, mittelalterlichen Babonenstadt. Entdecken Sie Ansichten und Straßenzüge und wie sich diese im Laufe der Zeit verändert haben oder gar ganz aus dem Stadtbild verschwunden sind. Erinnern Sie sich an die Häuser und ihre Bewohner, aus denen zwischenzeitlich so manche echte „Omschberger" Originale geworden sind!

Foto: Horst Dill

Rupert Berndl
Als die Eisenbahn in den Wald kam
Eine Erfolgsgeschichte aus dem Bayerischen Wald
1. Auflage 2019, 136 Seiten,
Format 17 x 24 cm, farbig, Hardcover
ISBN 978-3-95587-750-7 · Preis: 19,90 €

Stadt Tirschenreuth (Hg.)
Chronik der Stadt Tirschenreuth
Stadtgeschichte(n) von 1950 bis 2020
1. Auflage 2020, 504 Seiten,
Format 25 x 29,7 cm,
durchgehend farbig, Hardcover
ISBN 978-3-95587-080-5 · Preis: 39,90 €

Stefan Winkelhöfer & Harald Grill
Gesichter eines Dorfes
2. Auflage, 104 Seiten, Format 27 x 24 cm,
durchgehend farbig, Hardcover
ISBN 978-3-935719-61-2 · früher: ~~24,80 €~~

G. Moser, B. Setzwein & M. Conrad
Oberpfälzer Burgen
2. Auflage, 140 Seiten, Format 27 x 24 cm,
durchgehend farbig, Hardcover
ISBN 978-3-935719-54-4 · früher: ~~24,80 €~~

Peter Morsbach (Hg.)
Regensburger Almanach 2020
Das Jahr, das anders war
1. Auflage 2020, 224 Seiten,
Format 22 x 20,5 cm,
durchgehend farbig, Hardcover
978-3-86646-386-8 · Preis: 29,90 €

Regensburger Almanach 2020:
Das Jahr, das anders war

2020 – ein Jahr, wie es Regensburg seit dem Ende des Zweiten Weltkrieges nicht erlebt hat. Geisterhaft leere Plätze, geschlossene Läden, Kneipen und Schulen, kein Gesellschafts- und Kulturleben, und eine Misstrauensdistanz zwischen Menschen, die sich sonst herzen und umarmen. Den Fragen, wie sich die Corona-Pandemie auf Regensburg, auf die Menschen und die Stadtgesellschaft, das Leben in all seinen Facetten auswirkte und weiter auswirkt, geht dieser Almanach eines Jahres nach, das anders war.

Karl und Peter Bauer
Regensburg – Kunst-, Kultur- und Alltagsgeschichte
6. Auflage, 1088 Seiten, Format 17 x 24 cm,
mit zahlreichen s/w-Abbildungen, Hardcover
mit Schutzumschlag
ISBN 978-3-86646-300-4 · Preis: 49,90 €

Andrea Steinbach (Hg.)
Regensburger Geschichte & Geschichten für Kinder
1. Auflage 2020, 176 Seiten, Format 12,5 x 19 cm,
durchgehend farbig, Broschur
ISBN 978-3-86646-385-1 · Preis: 16,90 €

Bildbände von Martin Ortmeier

Format 26 x 21 cm,
s/w bebildert, Hardcover

Seinerzeit auf dem Land
Alte Bilder von Frauenalltag und
Männerwelt in Ostbaiern
1. Auflage 2018, 144 Seiten
ISBN 978-3-95587-736-1 · Preis: 19,90 €

Schee is gwen, owa hirt
Alte Bilder aus dem Bayerischen Wald
5. Auflage 2018, 128 Seiten
ISBN 978-3-95587-062-1 · Preis: 16,90 €

Herent und drent
Alte Bilder aus dem Bayerischen Wald
und dem Böhmerwald
2. Auflage 2018, 160 Seiten
ISBN 978-3-95587-061-4 · Preis: 18,90 €

Oskar Duschinger
Maxhütte
Geschichte eines Werkes
und einer Stadt.
30 Jahre nach dem Ende
des Eisenwerkes
Maximilianshütte in
Haidhof
1. Auflage 2020, 272 S.,
Format 14,8 x 21 cm,
s/w bebildert, Broschur
978-3-86646-383-7
Preis: 14,90 €

Gut 30 Jahre sind vergangen, seit das Eisenwerk Maximilianshütte in Haidhof seine Pforten schloss. Nach 150 Jahren endete die letzte Schicht im traditionsreichen Oberpfälzer Stahlwerk am 30. Juni 1990. Noch immer wissen Beschäftigte der „Maxhütte" die Geschichte jenes Werkes zu erzählen. Es sind oft unglaubliche Geschichten, die das Arbeiterleben einer vergangenen Epoche widerspiegeln.

Oskar Duschinger
Hans Schuierer
Symbolfigur des
friedlichen Widerstan-
des gegen die WAA
1. Auflage 2018, 408 S.,
Format 17 x 24 cm,
s/w bebildert,
Hardcover
978-3-95587-063-8
Preis: 19,90 €

Über 30 Jahre ist es her, dass der Bau der Wiederaufarbeitungsanlage Wackersdorf gestoppt wurde. Das Buch „Hans Schuierer – Symbolfigur des friedlichen Widerstandes gegen die WAA" macht noch einmal die Vorgänge im Taxöldener Forst lebendig, die eine ganze Region in Aufruhr versetzten. Dieses Jahr feiert Hans Schuierer seinen 90. Geburtstag und ist mit seinem konsequenten Eintreten für Heimat, Recht und Freiheit ein Vorbild für Generationen.

Nur 15 Minuten dauerte es. 15 Minuten, bis die Stadt Schwandorf in den frühen Morgenstunden des 17. April 1945 beinahe gänzlich zerstört wurde. Hauptziel des Bombardements: der zentrale Verkehrsknotenpunkt der Bahnanlagen. Doch in diesem Buch soll es nicht vordergründig um die Zerstörung der Stadt gehen – sondern um die Menschen, die dort lebten. Um deren Ängste und Bedürfnisse, um ihre Vorhaben und Ziele. Wie war es möglich, in dieser von Trümmern und Bombentrichtern übersäten Stadt ein verträgliches und erträgliches Zusammenleben zu schaffen?

Dieses Buch ist ein wichtiger Markstein in der mehr als 1000-jährigen Geschichte Schwandorfs sowie eine aufschlussreiche Lektüre der unmittelbaren Nachkriegsgeschichte der Oberpfalz.

Josef Fischer & Erich Zweck
(Hg. Stadt Schwandorf)
Schwandorf 1945
Leben in einer zerstörten Stadt
1. Auflage 2020, 336 Seiten, Format 21 x 28 cm,
durchgehend farbig, Hardcover
ISBN 978-3-86646-395-0 · Preis: 29,90 €

Die Oberpfälzer Familiensaga von Gerda Stauner

Format 13,5 x 20,5 cm

Grasmond
2. Auflage 2018, 208 Seiten,
Format 13,5 x 20,5 cm,
Broschur
ISBN 978-3-95587-746-0
Preis 14,90 €

Sauforst
1. Auflage 2017, 216 Seiten,
Format 13,5 x 20,5 cm,
Hardcover
ISBN 978-3-86646-785-9
Preis 14,90 €

Wolfsgrund
1. Auflage 2019, 232 Seiten,
Format 13,5 x 20,5 cm,
Hardcover
ISBN 978-3-95587-748-4
Preis 16,90 €

Birgit
Brantl-Schwaiger
**Mein Großvater
Rudolf Thum**
Spuren eines
bewegten Lebens
in Ostbayern
1900–1970
1. Auflage 2020, 96 S.,
Form. 13,5 x 20,5 cm,
s/w bebildert,
Hardcover
978-3-86646-389-9
Preis: 12,90 €

1900–1970. Eine Geschichte über Verantwortung und Schuld, Überzeugungen und Pflichtbewusstsein, über Rehabilitation und Wandel.

Rolf Stemmle
**Das Rennplatz-
Geheimnis** · Roman
1. Auflage 2019,
176 Seiten,
Form. 13,5 x 20,5 cm,
Broschur
978-3-86646-321-9
Preis: 14,90 €

Rupert Berndl
**Bombenalarm
und Care-Pakete**
1. Aufl. 2016, 136 S.,
Form. 13,5 x 20,5 cm,
s/w bebildert,
Hardcover
978-3-86646-755-2
Preis: 14,90 €

Fred Haller
Das große Fieber
Die Chroniken des Physikus
1. Auflage 2020, 176 Seiten,
Format 13,5 x 20,5 cm, Broschur
ISBN 978-3-95587-766-8 · Preis: 14,90 €

1649. Ein junger Arzt. Ein grassierendes Fieber. Und niemand, der es aufhalten kann…

In Salzburg grassiert die Pest. Hilflos ob der übermächtigen Krankheit flieht der noch unerfahrene Arzt Simon Sandtner aus seiner Heimatstadt. In einer kleinen bayerischen Ortschaft findet er Zuflucht und in dem dort ansässigen Bader einen Lehrmeister. Er verliebt sich in die junge Wirtstochter Magdalin. Doch schon bald zieht sich die Schlinge um Simon zu – und das Fieber rückt näher …

Historische Romane & Erzählungen
von Manfred Böckl

Bischofsmord
und Hexenjagd
2. Auflage, 152 Seiten
ISBN 978-3-86646-714-9

Die Kaiserhure
3. Auflage, 248 Seiten
ISBN 978-3-86646-704-0

Der Uttenschwalb
1. Auflage 2016, 344 Seiten
ISBN 978-3-86646-758-3

Format 13,5 x 20,5 cm, Hardcover, Preis: 16,90 €

WAHRE VERBRECHEN

Eine Kriminalreporterin auf Spurensuche

in Niederbayern und der Oberpfalz

Dieses Buch widmet sich wahren Verbrechen, die sich in der Oberpfalz und in Niederbayern zugetragen haben. Gewalttaten, die aus tiefer Verzweiflung, Rache oder Wut geschahen. Morde, die ausschließlich der Lustbefriedigung dienten. Tötungsdelikte, die so geschickt vertuscht wurden, dass die Kripo an ihre Grenzen stieß. Die Autorin hat für dieses Buch Gespräche mit Ermittlern, Richtern, Verteidigern und Journalisten geführt. Sie hat, soweit dies möglich war, auch Angehörige und enge Vertraute der Opfer befragt. So wird der Blick nicht ausschließlich auf die Täter und die geklärten und ungeklärten Taten gerichtet, auch die Opfer erhalten eine Stimme.

Isolde Stöcker-Gietl
Auf den Spuren des Todes
Wahre Verbrechen in Ostbayern
1. Auflage 2020, 200 Seiten, Format 13,5 x 20,5 cm, s/w bebildert, Broschur
ISBN 978-3-86646-387-5 · Preis: 17,90 €

Format 13,5 x 20,5 cm, Broschur, Preis: 14,90 €

Rolf Peter Sloet
Drogenhochburg Oberpfalz
1. Auflage 2018, 208 Seiten
ISBN 978-3-86646-367-7

Fred Haller & Karl Kieslich
Matzeder
2. Auflage 2018, 192 Seiten
ISBN 978-3-95587-733-0

Johann Dachs
Wahre Mordgeschichten
2. Auflage, 160 Seiten, Hardcover
ISBN 978-3-934863-82-8
Preis: 11,90 €

Die Hudlhub-Reihe von Mathias Petry

Hudlhub
Ein kriminell-kurioser Heimatroman
3. Auflage 2019, 240 Seiten
ISBN 978-3-86646-794-1

Quentin Tarantino trifft auf „Dahoam is Dahoam".

Das Leben in der kleinen bayerischen Gemeinde Hudlhub gerät gehörig durcheinander, als zwei Auftragskillerinnen auf der Suche nach einer entführten Rassemiezekatze auftauchen. „Hudlhub" ist eine Mischung aus Dorfsatire und liebevoller Hommage an das ländliche Bayern.

Kainegg
Ein mörderisch-kurioser Heimatroman
2. Auflage 2018, 272 Seiten
ISBN 978-3-95587-715-6

Basierend auf der wahren Geschichte des grausamen Mordes von Hinterkaifeck, der nie aufgeklärt wurde.

Hinter Kainegg, wo einst sechs Menschen ermordet aufgefunden wurden, liegt die kleine Gemeinde Hudlhub. Die bis heute ungeklärte Bluttat wird dort neu aufgerollt, als sich Bettina Hinkel aus Münster auf Spurensuche begibt.

Gailing
Ein verschwörerisch-kurioser Heimatroman
1. Auflage 2019, 256 Seiten
ISBN 978-3-95587-749-1

Sakrileg und Inferno in der bayerischen Idylle.

Eine Mordserie erschüttert die bayerische Gemeinde Hudlhub: Ein Geistlicher stirbt in einem Swingerclub und weitere Akteure werden ihm folgen! Ein skurriler Krimi, gewürzt mit viel schwarzem Humor und bayerischer Hemdsärmeligkeit, wartet auf den Leser.

Format 13,5 x 20,5 cm, Broschur, Preis: 14,90 €

Ein grausames Verbrechen, ein ominöser Storch, eine Stadt in Aufruhr – und mittendrin ein Oberpfälzer Kommissar, der nicht nur nach einem Mörder sucht, sondern auch nach einer Frau fürs Leben und vor allem: nach einer Heimat.

Michael Hochwart
Storchensterben
Oberpfalzkrimi
1. Auflage 2021, ca. 180 Seiten,
Format 13,5 x 20,5 cm, Broschur
ISBN 978-3-86646-397-4 · Preis: 16,90 €

Im heißen Regensburg hofft Kriminalkommissar Clemens Rehberg auf einen entspannten Sommer. Doch dann wird im idyllischen Regental eine junge Frau brutal ermordet. Sofort gerät dabei ein Geflüchteter unter Verdacht. Rehberg muss ihn so schnell wie möglich finden, damit die brodelnde Stimmung in dem Städtchen Zedernheim nicht explodiert. Überdies wird Rehberg immer grantiger, denn er muss nicht nur einen Mörder suchen – auf ihn wartet auch eine schwierige persönliche Entscheidung. Und was will ihm eigentlich dieser Storch sagen, der über den Dächern Zedernheims seine Kreise zieht?

Bayernhymne
Ein Altmühltal-Krimi mit Herz
3. Auflage 2021, 256 Seiten
ISBN 978-3-95587-707-1
Preis: 16,90 €

Preißnmörder
1. Auflage 2019, 264 Seiten
ISBN 978-3-95587-753-8
Preis: 16,90 €

Dorfdisco
Ein Provinz-Krimi mit Herz
1. Auflage 2020, 248 Seiten
ISBN 978-3-95587-754-5
Preis: 16,90 €

Format 13,5 x 20,5 cm, Broschur

Franzi Wolf
A Mordslust
Irgendwo im bayerischen Nirgendwo
1. Auflage 2019, 152 Seiten
ISBN 978-3-86646-737-8
Preis: 14,90 €

Christina Wagner
Zuglust
Oberpfalz-Krimi
2. Auflage 2019, 184 Seiten
ISBN 978-3-95587-065-2
Preis: 14,90 €

Karin Holz
Herbstfinsternis
Bayerwald-Krimi
1. Auflage 2016, 184 Seiten
ISBN 978-3-86646-756-9
Preis: 13,90 €

Ein grauenvoller Fund, eine düstere Familiengeschichte und ein hinterfotziger Giftmörder …

Im Essinger Neubaugebiet stößt ein Arbeiter bei Aushubarbeiten auf ein weibliches Skelett. Die Ermittlungen katapultieren Kommissarin Maria „Mary" Weidinger in die Vergangenheit: Die Tote war in den 1950er Jahren zusammen mit ihrem Bruder als junge Magd beim wohlhabenden Steininger-Bauern angestellt – bis die Geschwister eines Tages spurlos verschwanden. Während Kommissarin Mary noch dabei ist, sich in dem verworrenen Spurengeflecht zurechtzufinden, geschieht ein Giftanschlag auf den Nachfolger des Steininger-Hofs. Hängen die beiden Verbrechen zusammen? Und wo ist der vermisste Bruder der Toten? Mary läuft die Zeit davon, denn während sie sich noch mit dem verschwiegenen Opa und einem Demenzkranken herumschlägt, stirbt schon der nächste Steininger …

Marion Stadler
Felsenkraxler
Ein Provinz-Krimi mit Herz
1. Auflage 2021, ca. 250 Seiten,
Format 13,5 x 20,5 cm, Broschur
ISBN 978-3-95587-765-1 · Preis: 17,90 €

Bereits der vierte Band der Krimi-Reihe von Erfolgs-Autorin Marion Stadler!

Michl Ehbauer & Heidi Eichner
Baierische Weltgschicht, Bd. 1 (farbig illustrierte Schmuckausgabe)
6. Auflage 2019,
312 Seiten,
Format 14,8 x 21 cm,
durchgehend farbig, Hardcover
ISBN 978-3-86646-760-6
Preis: 19,90 €

Michl Ehbauer
Baierische Weltgeschichte, Band 1
5. Auflage, 304 Seiten,
Format 13,5 x 20,5 cm,
Hardcover
ISBN 978-3-89682-080-8
Preis: 14,90 €

Michael Ehbauer
Baierische Weltgeschichte, Band 2
191 Seiten,
Format 13,5 x 20,5 cm,
Hardcover
ISBN 978-3-89682-153-9
Preis: 14,90 €

Königlich Bayerisches Kopfkissenbuch
Aufgeweckte Geschichten zum Schmunzeln und Lachen
1. Auflage 2020, 144 Seiten,
Format 13,5 x 20,5 cm, Broschur
ISBN 978-3-95587-756-9
Preis: 14,90 €

Das Nachtkastlbuch
Heitere Betthupferl-Geschichten
4. Auflage 2019, 160 Seiten,
Format 13,5 x 20,5 cm,
Broschur
ISBN 978-3-86646-740-8
Preis: 14,90 €

Andreas Dick
Wos i dia wünsch
2. überarbeitete und erweiterte Auflage 2020, 120 Seiten,
Format 12,5 x 18,5 cm,
farbig bebildert, Hardcover
ISBN 978-3-95587-762-0
Preis: 12,90 €

Otto Hietsch & Andreas Dick (Bearb.)
Wörterbuch Bairisch – English
2. erweiterte und überarbeitete Auflage 2019,
192 Seiten, Format 14,8 x 21 cm,
s/w illustriert von Nina Schneider,
Hardcover
ISBN 978-3-86646-739-2
Preis: 19,90 €

Ute Freihart
Des konnst deim Bou veazöhln
Oberpfälzisch für Anfänger
2. Auflage 2020,
88 Seiten,
Format 12 x 18 cm,
durchgehend farbig,
Broschur
ISBN 978-3-95587-078-2
Preis: 12,90 €

Für alle Oberpfälzer ein Leseschmankerl, für alle „Zougroasten" die Rettung!

Norbert Neugirg

Format 13 x 20,5 cm, Hardcover

Was ich so denk'
7. Aufl., 152 Seiten
ISBN 978-3-935719-38-4
Preis: 14,80 €

Worte, Reim und Bücherleim
6. Aufl. 2020,
144 Seiten
ISBN 978-3-95587-037-9
Preis: 14,80 €

Ansichten & schlichte, nicht vernichtete Gedichte
3. Aufl. 2019, 176 S.
ISBN 978-3-935719-76-6
Preis: 16,95 €

Tusch eineinhalbmal
3. Aufl. 2020,
176 Seiten
ISBN 978-3-95587-030-0
Preis: 16,95 €

Toni Lauerer

je ca. 160 Seiten, Format 13,5 x 20,5 cm, Hardcover, Preis: 14,90 €

Mei, bin i a Depp!
ISBN
978-3-86646-371-4

Der Alltag is da Wahnsinn
ISBN
978-3-86646-337-0

Willkommen im Spiegelsaal
ISBN
978-3-86646-305-9

I glaub, i spinn
ISBN
978-3-931904-43-2

Wos gibt's Neis?
ISBN
978-3-931904-77-7

Hauptsach', es schmeckt!
ISBN
978-3-934863-08-8

I bin's wieder
ISBN
978-3-934863-31-6

Voll im Trend
ISBN
978-3-934863-68-2

Audio-CDs je 14,90 €

Mei, bin i a Depp!
ISBN
978-3-86646-375-2

Eigentlich is wurscht
ISBN
978-3-86646-306-6

Wos gibt's Neis?
ISBN
978-3-934863-42-2

Die Live-DVD

Toni Lauerer
Gestern beim Unterwirt
Wirtshausg'schichten aus Bayern
1. Auflage 2020, 160 Seiten,
Format 13,5 x 20,5 cm, Hardcover
ISBN 978-3-86646-390-5 · Preis: 14,90 €

Hörbuch/Audio-CD
1. Auflage 2020, Spieldauer: 76 Min.
ISBN 978-3-86646-391-2 · Preis: 14,90 €

Die schönsten
Grimms Märchen auf Bairisch
1. Auflage 2018, 136 Seiten,
Format 17 x 24 cm, durchgehend farbig,
mit Illustrationen von Heidi Eichner,
Hardcover
ISBN 978-3-95587-719-4

Hörbuch/Audio-CD
1. Auflage 2018, 2 CDs, Spieldauer: 157 Min.
ISBN 978-3-95587-735-4 · Preis: je 19,90 €

Bühnen-programm!

Eigentlich is wurscht
Live-DVD
1. Auflage 2017
G-TIN
4018577000039
Preis: 16,90 €

Hubertus Hinse & Toni Lauerer
Glaubn mechst es ja ned
Sagen aus der Oberpfalz
2. Auflage 2020, 152 Seiten,
Format 13,5 x 20,5 cm, Hardcover
ISBN 978-3-86646-362-2

Hörbuch/Audio-CD
2. Auflage 2017,
Spieldauer: 64 Min.
ISBN 978-3-86646-361-5
Preis: je 14,90 €

schwafi
Nichts als die Wahrheit über Regensburg
1. Auflage 2020, 176 Seiten,
Format 13,5 x 20,5 cm, Broschur
ISBN 978-3-86646-382-0 · Preis: 14,90 €

Schluss mit Halbwahrheiten!

Der Leser erhält neue, aufwühlende Einblicke in Regensburgs Geschichte und Gegenwart. Wer zum Teufel baute die Steinerne Brücke wirklich? Warum grüßt der Eingeborene nicht? Wo räkelte sich Kaiserin Sissi in der Sonne? Wo gibt es gemischten Braten für Vegetarier?
Anekdoten, Legenden, Stadtspaziergänge, Beschimpfungen, Ansichten, Einsichten, Liebeserklärungen: Amüsanter kann man sich dem Phänomen Regensburg kaum nähern. Die Frage nach dem wahrhaftigen Regensburg von gestern und heute wird mit Witz und Fantasie, mit alternativen Fakten der Geschichtsschreibung und unerschöpflichem Insider-Westentaschenwissen ein für alle Mal geklärt.

Klaus Schwarzfischer (schwafi)
Da Schtruwlbeda af Bairisch
2. Auflage 2020, 44 Seiten,
Format 17 x 24 cm,
durchgehend farbig, Hardcover
ISBN 978-3-95587-709-5 · Preis: 14,90 €

Klaus Schwarzfischer (schwafi)
Max und Moritz af Bairisch
1. Auflage 2019, 64 Seiten,
Format 17 x 24 cm,
durchgehend farbig, Hardcover
ISBN 978-3-95587-752-1 · Preis: 14,90 €

Seit beinah drei Jahrzehnten steht Michael Altinger regelmäßig auf der Bühne und war immer gut versorgt mit ausreichend Applaus und Gelächter. Da kommt ein Virus daher und macht ihm und seiner ganzen Zunft einen ordentlichen Strich durch die Rechnung. Es wird eng. Finanziell, aber vor allem emotional. Regelrechte Entzugserscheinungen packen ihn. Er beginnt eine Art Selbsttherapie und schreibt ein Tagebuch. Satirisch, verrückt und tapfer. Ihm hilft seine Gabe, das Ernste im richtigen Moment ins Lächerliche zu ziehen. Er macht neue Erfahrungen. Er macht sie nicht immer freiwillig. Schauen Sie ihm dabei zu und erfreuen Sie sich an einem schrägen Zeitdokument, das noch vor Kurzem wohl niemand erwartet hätte.

Michael Altinger
Rampensau ohne Bühne
1. Auflage 2020, 160 Seiten, Format 13,5 x 20,5 cm, Hardcover
ISBN 978-3-95587-723-1 · Preis: 14,90 €

Manfred Böckl
Der Mühlhiasl
5. Auflage 2017, 96 Seiten
ISBN 978-3-95587-057-7
Preis: 11,90 €

Andreas Zeitler
Die Prophezeiungen des Mühlhiasl
9. Auflage 2019, 64 Seiten
ISBN 978-3-86646-751-4
Preis: 7,90 €

Die bayerischen Seher

Geheimes Wissen und uralte magische Praktiken

Manfred Böckl
Prophet der Finsternis
Leben und Visionen
des Alois Irlmaier
4. Auflage 2018, 304 Seiten
ISBN 978-3-86646-793-4
Preis: 16,90 €

Egon M. Binder
Alois Irlmaier 1894–1959
Der Seher von Freilassing ·
Prophezeiungen
3. Auflage 2020, 72 Seitenr
ISBN 978-3-86646-781-1
Preis: 9,90 €

Manfred Böckl
Prophezeiungen zum Dritten Weltkrieg
2. Auflage 2018, 136 Seiten
ISBN 978-3-95587-718-7
Preis: 13,90 €

Manfred Böckls erfolgreicher Roman um den Seher von Rabenstein geht in die 10. Auflage!

NEUAUFLAGE
Mitte März 2021

Der Mühlhiasl von Apoig, auch als Stoaberger oder Stormberger bekannt, sagte im ausgehenden 18. Jahrhundert den Ausbruch der beiden Weltkriege des 20. Jahrhunderts auf den Tag genau voraus und warnte vehement vor einem dritten und letzten weltweiten Krieg. Ferner prophezeite er das Aufkommen von Autos, Flugzeugen, Eisenbahnen und Dampfschiffen sowie den Untergang der Feudalherrschaft und der Kirche. Dass er kein Scharlatan, sondern ein echter Seher war – vielleicht der größte, den Deutschland je hervorbrachte – hat die Geschichte bewiesen.

Viele seiner auf den Tag genau vorhergesagten Prophezeiungen sind bereits eingetroffen. Der Roman stellt eine erregende parapsychologische und historische Abenteuerreise dar, die den Leser in Bereiche entführt, die normalen Menschen sonst nur schwer zugänglich sind.

Manfred Böckl
Mühlhiasl
Der Seher vom Rabenstein · Roman
10. Auflage 2021, ca. 270 Seiten,
Format 13,5 x 20,5 cm, Hardcover
ISBN 978-3-95587-777-4 · Preis: 16,90 €

„Dann schaut den Wald an. Er wird Löcher haben wie des Bettelmanns Rock."

„... wird man Sommer und Winter nicht mehr auseinander kennen, und die Sonne wird nicht mehr scheinen."

Mit den Originalprophezeiungen des Mühlhiasl

Format 21 x 28 cm, durchgehend farbig, Hardcover, Preis: 24,90 €

Gabriele Kiesl & Michael Cizek
Mystische Burgen in der Oberpfalz
1. Auflage 2019, 144 Seiten
ISBN 978-3-95587-050-8

Burgstall Rauhenkulm · Burg Leuchtenberg · Burgruine Wolfstein · Burg Falkenberg und viele mehr!

Gabriele Kiesl & Michael Cizek
Mystische Oberpfalz
2. Auflage 2019, 160 Seiten
ISBN 978-3-95587-048-5

Regensburg · Furth im Wald · Neunburg vorm Wald · Laaber · Amberg · Kallmünz · Neumarkt · Tirschenreuth · Schwandorf · Cham · Hauzenstein · Weiden

Gabriele Kiesl & Michael Cizek
Mystisches Niederbayern
1. Auflage 2018, 144 Seiten
ISBN 978-3-95587-738-5

Passau · Landshut · Deggendorf · Konzell · Abensberg · Straubing · Pfarrkirchen · Regen · Vilshofen · Ringelai · Freyung

Julia Kathrin Knoll & Christian Greller
Von Hexen, Geistern und Verbrechern
Ein Rundgang zu den unheimlichsten Orten in Regensburg und Umgebung
1. Auflage 2019, 168 Seiten, Format 13,5 x 20,5 cm, durchgehend farbig, Broschur
ISBN 978-3-86646-340-0 · Preis: 17,90 €

Schauriges Ostbayern
Unheimliche Ereignisse und geheimnisvolle Geschichten
3. überarbeitete Auflage 2018, 168 Seiten
ISBN 978-3-95587-751-4
Preis: 19,90 €

Phantastisches Ostbayern
Märchenhafte Geschichten und wundersame Ereignisse
1. Auflage 2017, 216 Seiten
ISBN 978-3-86646-787-3
Preis: 16,90 €

Mörderisches Ostbayern
Verbrecherische Gedanken und seltsame Todesfälle
1. Auflage 2018, 248 Seiten
ISBN 978-3-95587-721-7
Preis: 19,90 €

Verführerisches Ostbayern
Sinnliche Begegnungen und leidenschaftliche Romanzen
1. Auflage 2019, 216 Seiten
ISBN 978-3-86646-738-5
Preis: 19,90 €

Weihnachtliches Ostbayern
Winterliche Geschichten und himmlische Ereignisse
1. Auflage 2020, 192 Seiten
ISBN 978-3-95587-747-7
Preis: 19,90 €

Entdecken Sie Ostbayern in all seinen Facetten!

Format 13,5 x 20,5 cm, mit zahlreichen s/w-Abbildungen, Hardcover

Michael Waltinger
Niederbayerische Sagen
6. Auflage 2019, 232 Seiten,
mit Illustrationen
von Peter Mühlbauer
ISBN 978-3-86646-779-8
Preis: 19,90 €

Gustl Motyka
Sagen und Legenden aus dem Land um Regensburg
5. Auflage 2020, 192 Seiten
ISBN 978-3-86646-384-4
Preis: 19,90 €

Alfons Schweiggert
Bayerische Märchen
2. Auflage 2016, 344 Seiten,
mit Illustrationen
von Peter Mühlbauer
ISBN 978-3-86646-757-6
Preis: 19,90 €

Manfred Böckl
Verborgene Schätze in Bayern
1. Auflage 2017, 104 Seiten
ISBN 978-3-86646-782-8
Preis: 13,90 €

Manfred Böckl
Das Mysterium der Erdställe
104 Seiten
ISBN 978-3-86646-715-6
Preis: 13,90 €

Die Erdställe – labyrinthische Gang- und Höhlensysteme unter Bauernhöfen, Burgen, Kirchen oder Friedhöfen – sind eines der letzten großen archäologischen Rätsel Europas. Erfolgsautor Manfred Böckl hat jahrzehntelang zu diesem spannenden Thema recherchiert. Unterhaltsame Erzählteile, die in den Sachtext eingefügt sind, steigern die Lesefreude. Ein farbiger Bildteil wertet das Werk zusätzlich auf.

Format 13,5 x 20,5 cm, Hardcover

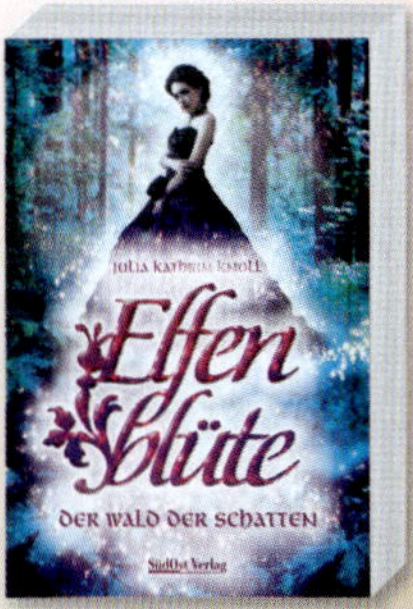

Julia Kathrin Knoll
Elfenblüte, Band 1:
Der Wald der Schatten
1. Auflage 2018, 416 Seiten
ISBN 978-3-95587-711-8
Preis: 19,90 €

Julia Kathrin Knoll
Elfenblüte, Band 2:
Das Tor unterm Berg
1. Auflage 2018, 440 Seiten
ISBN 978-3-95587-712-5
Preis: 19,90 €

Rolf Stemmle
Der Teufel von Stockenfels
Erzählung
1. Auflage 2017, 120 Seiten
ISBN 978-3-86646-353-0
Preis: 13,90 €

Format 13,5 x 20,5 cm, Broschur

Hans Irler
Treppe in die andere Zeit
Roman
1. Auflage 2018, 288 Seiten
ISBN 978-3-95587-722-4
Preis: 16,90 €

Herbert Becker
Die erstaunliche Reise
der Kreszentia Haberstroh
Roman
1. Auflage 2017, 280 Seiten
ISBN 978-3-86646-784-2
Preis: 13,90 €

Hubertus Hinse
Drudenherz
Das Erwachen der Magie
1. Auflage 2017, 272 Seiten
ISBN 978-3-86646-795-8
Preis: 14,90 €

Nähere Infos auf Seite 41!